Rosmarie Hofer

Aus dem Leben einer alten Dame

Morgen

Den Platz gefunden im Gestern und Heute.
Zuversichtlich sein, ihn auch im Morgen zu entdecken.
Eine letzte Zeitspanne abschiedlich leben.
Keine ehrgeizigen Pläne und anspruchsvolle Wünsche horten.
Die Bedürfnisse den jetzigen Lebensumständen anpassen.
Ohne Bedauern die verlockenden Illusionen
  und großen Gefühle zurücklassen.

Rosmarie Hofer

Rosmarie Hofer

Aus dem Leben einer alten Dame

1. Auflage 2019

ISBN 978-3-907147-04-7

Lektorat, Satz und Layout Werner Affentranger
Korrektur Marlis Boeschenstein
Druck und Vertrieb BoD – Books on Demand, Norderstedt – www.bod.de
Herstellung und Verlag Publishing Partners, Biel – www.publishing-partners.ch

Rosmarie Hofer

Aus dem Leben einer alten Dame

Inhalt

Vorwort

«Aus dem Leben einer *älteren* Dame» war der ursprüngliche Titelvorschlag des Verlags für Rosmarie Hofers gesammelte Kurzgeschichten, Erinnerungen und Anekdoten, doch sie wünschte eine kleine Änderung: «Aus dem Leben einer *alten* Dame» wäre passender, denn sie sei schließlich schon richtig alt, und das dürfe man so sagen.

Rosmarie hat früher für verschiedene Zeitschriften und Zeitungen – die meisten dieser Publikationen gibt es schon lange nicht mehr – regelmäßig Kolumnen und Feuilletons geschrieben: kleine Geschichten aus dem Alltag, nichts Dramatisches, nicht moralisierend oder anklagend, sondern humoristisch, manchmal leicht ironisch oder auch selbstironisch.

Die Schweiz war 1971 eines der letzten europäischen Länder, die das Frauenstimmrecht einführten. Immerhin darf erwähnt werden, dass sie das erste Land war, das seiner weiblichen Bevölkerung die vollen Bürgerrechte nach einer *Volksabstimmung* zugestand, an der damals nur Männer teilnahmeberechtigt waren.
Als endlich auch die Schweizer Frauen zur Abstimmung an die Urne gehen durften, war Rosmarie längst schon erwachsen und Mutter zweier Kinder. Sie fühlte sich emanzipiert, selbst wenn sie in manchen ihrer Kurzgeschichten ihren Ehemann als ihren Gebieter bezeichnete, was natürlich ironisch gemeint war.
Wer heute so alt ist wie Rosmarie Hofer, staunt über die Entwicklungen, die in den letzten Jahrzehnten unsere Gesellschaft grundlegend verändert haben. Gemäß einer Studie der Universität Köln im Jahr 2018, die sie im Auftrag der Landesregierung Nordrhein-Westfalen durchführte, war 1950 erst ein Prozent der deutschen Bevölkerung achtzig Jahre und älter; heute sind es rund sieben Prozent, und laut Prognosen soll dieser Anteil in den kommenden Jahren stetig wach-

sen. Mit Blick auf ihre Situation sagen sechzig Prozent der Hochaltrigen, dass ihre Wertvorstellungen immer weniger zur heutigen Gesellschaft passen.

Altersbedingt haben wir Menschen im ganz normalen Alltag unterschiedliche Interessen und Verhaltensweisen. Unter älteren Semestern werden Krankheitsgeschichten – eigene und die von Verwandten und Bekannten – schnell einmal ausgiebig diskutiert, wenn man sich begegnet, während sich jüngere Menschen für ganz andere Themen interessieren. Wer will es ihnen verdenken! Unsere Multikulti-Gesellschaft, das Internet und die Digitalisierung, die in fast allen Bereichen im beruflichen und privaten Alltag Einzug hält: Das alles lässt die meisten betagten Menschen heute rat- und hilflos zurück. So auch Rosmarie, die ihre Manuskripte nicht als Word-Dokument per E-Mail, sondern schreibmaschinengeschrieben mit der Briefpost verschickt.

Ihre früher in Zeitschriften und Zeitungen veröffentlichten Kurzgeschichten und Anekdoten sind Zeugnisse längst vergangener Jahrzehnte, doch sie haben kein Verfalldatum. Schon als Kind hatte Rosmarie ihre Gedanken in ihrem geliebten Tagebuch festgehalten.

Das kleine Mädchen

Fragmente aus der Kindheit

Begegnung mit der Freude

Die Zauberworte des kleinen Mädchens, das damals etwa vier Jahre alt gewesen sein mochte, heißen «Weihnachten» und «Plattform». Bevor der denkwürdige Weihnachtstag aus der Erinnerung hervorgeklaubt werden soll, steigt ein anderes Bild auf – die Berner Altstadt und die Plattform vor dem Berner Münster mit den Tauben und der einzig klaren Erinnerung an den Großvater, der in fernen Zeiten gestorben ist. An seiner Hand führte er das kleine Mädchen auf die Plattform. Es gab sich Mühe, seinen ausholenden Schritten trippelnd zu folgen. Der Park vor dem Münster ist für jeden Berner ein Begriff. Sie setzten sich auf eine behäbige Bank. Solche Bänke gibt es nur dort, fast wie ein Holzsofa – auch heute noch dieselbe unverwechselbare Form. Der Großvater überreichte dem Kind eine große Tüte voller Brotresten, und – welch ein Entzücken – mit kleinkindlicher Hingabe fütterte die Kleine eine Schar von Tauben. Immer mehr kamen, immer eifriger pickten und pickten sie, hüpften herum, um einen Bissen zu ergattern, flatterten aufgeregt hin und her. Das kleine Mädchen war der Mittelpunkt. «Ich bin ich, ich bin wichtig für die Tauben, für den Großvater, der seine helle Freude an der Vorstellung hat.» – «Ich bin selbstbewusst.» Dieses Wort kannte es damals noch nicht, aber das tut nichts zur Sache. Es war einfach so.

Sie gingen später, als die Tüte leer war und die Tauben weggeflogen, Hand in Hand zurück an die Junkerngasse. Dort wohnten Großvater und Großmutter und Thäse, die rote Katze, in einem der ehrwürdigen alten Häuser. Durch das düstere Treppenhaus stiegen sie hinauf in die Wohnung, der alte Mann und das Kind, beide inwendig hell erleuchtet vom Licht der Sonne und dem Ereignis auf der Plattform. Sie wurden von Großmutter und Thäse liebevoll begrüßt. Heute wohnt die gehobene Schicht in den renovierten umgebauten

Luxuswohnungen. Die Fassaden sind dieselben geblieben. Sie durften in der Altstadt nicht verändert werden.

Dies die denkwürdige Umgebung. Früher hatten Junker den Wohnsitz dort, deshalb der Name Junkerngasse. Es war in den Zeiten des Feldzugs Napoleons, die Rudolf von Tavel in seinen berndeutschen Büchern beschrieben hat. Als die Berner Aristokratie dann zerfiel, zogen Handwerker an die Junkerngasse. Großvater war Spengler, betrieb ein kleines «Budeli», wie eine bescheidene Werkstatt in Bern genannt wird. Schlecht und recht hatte das Geld gereicht, um die sechsköpfige Familie zu ernähren. Aber der Großvater war jetzt alt geworden, konnte nicht mehr arbeiten, musste auf den Stufen im Treppenhaus etliche Male stehen bleiben wegen des Asthmas. Geduldig war das kleine Mädchen ebenfalls wie angewurzelt neben ihm stehen geblieben.

Die Wohnung an der Junkerngasse war der Rahmen für den Zaubertag, für Weihnachten. Das kleine Mädchen besuchte mit seinen Eltern Großvater und Großmutter. Die Großen wurden von ihm nur schemenhaft wahrgenommen, denn im Mittelpunkt stand eine kleine farbige Laterne mitten in der Stube; die einzelnen Gläser rundum waren bemalt mit ganz verschiedenen Farben und leuchteten in Blau, Rot, Gelb, Grün, denn in der Mitte brannte eine Kerze, und die Laterne drehte sich und drehte sich. Das kleine Mädchen setzte sich vor dieses faszinierende Spielzeug und schaute und schaute und war nicht mehr wegzubringen. Lange Zeit kauerte es versunken vor diesem Wunder. Es war die Geburt der Freude. Zum ersten Mal nahm es bewusst dieses Gefühl wahr. Und diese Freude wurde noch abgelöst von einer anderen, denn das Christkind hatte noch etwas gebracht. In einer Ecke stand etwas unter einem Tuch verhüllt. Mama zog lächelnd das Tuch weg. Da glänzte dem Kind ein kleiner Kochherd entgegen aus silbernem Metall mit Löchern, um die Pfännchen draufzustellen. Und Besteck war da und eine Käseraffel und Schöpfkellen und Geschirr. «Es Röschtischüfeli, es Röschtischüfeli», jubelte das kleine Mädchen und konnte es kaum fassen, dass dieser Puppenkinder-Kochherd mit all den Zutaten nun ihm gehören sollte.

Es waren zwei sehr denkwürdige Tage: einer im Sommer und einer im Winter. Sie schenkten dem kleinen Mädchen Bausteine des Urvertrauens: Ich bin jemand, ich werde geliebt.

Begegnung mit der Trauer

Das kleine Mädchen bewohnte mit seinen Eltern den ersten Stock des Zweifamilienhauses, das in einem schönen Garten stand. Im Parterre wohnte Frau Wydler. Das Kind war immer willkommen bei ihr. Frau Wydler besaß ein wundervolles Buch mit Bildern und Geschichten. Das Kind wollte immer und immer wieder Noras Geschichten hören. Nora lief von zu Hause fort und begab sich auf ein großes Schiff. Dieses Schiff geriet in einen gefährlichen Sturm. Das Bild mit dem schwankenden Ozeanriesen auf den sich überschlagenden hohen Wellen sah bedrohlich aus. Nora hatte viele Gefahren zu bestehen, bis sie wieder zu Hause anlangte, wo es doch am schönsten war und Mama sie endlich in die Arme schloss. Die Gründe, weshalb sie fortgelaufen war, schienen ihr jetzt nicht mehr wichtig. Zu Hause war sie geborgen. Das kleine Mädchen weinte jedesmal mit Nora in den langen Stunden der Gefahr, fühlte Noras Verzweiflung und Reue, atmete auf und war glücklich mit ihr bei ihrer Heimkehr.

Eines Tages erfuhr das kleine Mädchen, dass Aufbruch und Veränderung nicht nur in Geschichten vorkamen, sondern auch in sein eigenes Leben griffen. Und das war ein großer Unterschied. Der Kleinbetrieb, in dem sein Papa arbeitete, ging in der Wirtschaftskrise in Konkurs. Es überkam das Land eine große Arbeitslosigkeit. Papa suchte auch in anderen Städten Arbeit, und so mussten sie denn – als er eine neue Stelle gefunden hatte – fortziehen. Sie zogen in eine größere Stadt, in ein lärmiges Arbeiterviertel, wie sich herausstellen sollte.

Am letzten Morgen, bevor der Zügelwagen kam, schlich sich das Kind heimlich aus der Wohnung, wo die Eltern noch letzte Sachen in eine große Tasche packten, fort. So viel hatte es verstanden: Es sollte das vertraute Haus in dem großen Garten mit den Haselbüschen, Johannisbeersträuchern, dem Kaninchenstall, der Treppe mit den Grasabhängen daneben, den verwinkelten Gartenwegen, dem Kiesplatz mit der Stange, wo die Schaukel hing, für immer verlassen. Es war doch das Königreich des kleinen Mädchens, in dem es jeden Tag gespielt hatte, im Frühling, im Sommer, im Herbst und im Winter, solange es sich zurückerinnern konnte. Es ging hinunter auf sein Mäuerchen neben dem Gartentor, sah auf den schmalen Weg hinaus, der am Garten vorbeiführte und wusste nicht, was es erwarten würde. Es war zutiefst verunsichert, blickte den Weg, der Hohle Gasse hieß, hinauf und hinunter. Zum ersten Mal vernahm es ganz tief drin diese seltsame, wehmütige Melodie, die ihm vom Abschiednehmen erzählte. Es hörte verwundert zu, und ganz unerwartet und fremd streifte seine verzauberte Kinderwelt eine Ahnung von Trauer.

Der Garten meiner Kindheit

Als ich im hellen Sommerkleid
jauchzend froh die Schaukel ritt,
mit meinem kleinen Körper
weit in den Himmel glitt,
da hab' ich in der Höhe
den stolzen Hahn gesehen,
der auf dem Dach des Hauses
sich immer durfte drehen.
Da fühlte ich im Herzen
das wundersame Glück.

Der Papa gab mir lächelnd
ein Sonnenblumenkind,
das ich mit meinen Händen griff;
es schaukelte im Wind
der Kreis von Blütenblättern
rund um den braunen Kern,
so dass ich hüpfend jauchzte:
Papa, ich hab' dich gern!

Die roten Beeren lockten
im dunkelgrünen Strauch.
Ich streckte aus die Hände:
«Oh schenke mir doch auch!»
«So viele, wie du magst,
so viele kannst du haben.»
Großzügig sprach er so
und reichte mir die Gaben.

Ich hatte auch ein Zimmer
in dichten Haselbüschen,
sie gaben mir stets Obdach
und auch von ihren Nüssen.

Der Herbst, er kam im bunten Kleid
prinzlich einhergegangen,
denn rot und gelb und braun und grün
war sein Gewand behangen.

Er schüttelte den Reichtum aus
vor meinen kleinen Füßen,
bedachte mich mit zartem Hauch,
mit seinen Liebesküssen.

Ich hielt ihm beide Wangen dar,
verzaubert und entzückt.
Er rauschte dann im Wind davon,
nachdem er mich beglückt.

Nun wollte ich auch selber
jemandem Freude bringen
und meinen kleinen Freunden
ein Jubelliedchen singen.

Beim Stalle der Kaninchen,
da kniete ich mich nieder;
ich reichte ihnen Kräuter
und summte meine Lieder.

Sie wussten's mir zu danken
und hörten artig zu.
Sie knabberten das Futter

und legten sich zur Ruh.
Es wurde dann auch Winter
und recht empfindlich kühl –
den Garten zu durchschreiten
mit Mantel und Kapuze
Geborgenheitsgefühl –

Es wechselten im Leben
gar viele Jahreszeiten.
Ich schau' zurück,
muss fragen:
wo bist du denn geblieben,
du wunderbarer Garten
aus fernen Kindertagen?
Bist du denn ganz verblüht?
Die Freuden meines Lebens
im Daseinsstrom verglüht?

R.H.

Tagebuchblätter

Seit mein Vater mit seiner Familie notgedrungen von Bern nach Zürich ziehen musste, habe ich den seelischen Rank noch nicht gefunden, denn ich traure um das Haus mit Garten, in dem wir am Rande der Stadt gewohnt hatten. Mein Vater hatte in Bern keine Arbeit mehr gefunden; denn die Schlosserei, in welcher er gearbeitet hatte, war in Konkurs gegangen. Er fand nach langem Suchen in der ganzen Schweiz in Zürich eine Stelle, und so zogen wir eben hierher in eine Mietskaserne. Meinen geliebten Garten musste ich verlassen und ihn eintauschen gegen den Hinterhof zwischen den Mietskasernen, wo viele Kinder spielen. Wir wohnen jetzt in einem lärmigen Arbeiterviertel. Mama ist unglücklich darüber. Wir mussten in Bern alles zurücklassen, unser ganzes bisheriges Leben mit all den Tanten und Onkeln.

Es geht oft sehr laut zu im Hinterhof. Ich bin nicht mehr das brave, verträumte Kind, sondern stehle Himbeeren aus fremden Gärten oder reiße zusammen mit andern Kindern unflätig die Türe des Bäckerladens auf, schreie laut in den Laden und renne davon. Oder ich gehe nach der Schule nicht stracks nach Hause, sondern marschiere auf die große Brücke. Untendurch führen viele Geleise; ich sehe und höre die Züge, wie sie vorüberdonnern. Einmal blieb ich dort, bis es dunkel wurde. Zu Hause große Aufregung. Die Polizei war schon verständigt worden, um mich zu suchen.
Am meisten gehen mir meine Geschwister auf die Nerven. Ich bin das zweitjüngste von vier Kindern. Mein älterer Bruder ist ein Ekel. Er schreit mich dauernd an. In Bern hat er mich wenigstens in Ruhe gelassen. Er kommandiert mich herum; ich solle gefälligst dies und jenes für ihn tun. Wenn ich mich weigere, zieht er mich an den Haaren. Kürzlich habe ich ihm eine mitten in sein doofes Gesicht geklebt

und bin davongerannt. Er war total verblüfft. Ich kenne mich nicht mehr. Ich habe mich so verändert.
Meine jüngere Schwester ist eine Heulsuse, bricht dauernd in Tränen aus, wenn nur das Geringste sie stört. So eine Mimose! Und ich soll sie dann auch noch hüten, auf sie aufpassen im Hinterhof. Sie hat keinen Spaß an unseren rauen Spielen, schaukelt am liebsten hin und her. Die Schaukel ist an der Teppichstange befestigt. Sie gehört nicht nur meiner Schwester, die andern Kinder wollen sie auch benützen, und dann gibt es immer ein großes Geschrei, wenn meine Schwester Platz machen soll. Letzthin hat jemand sie einfach heruntergezerrt. Sie hatte eine Schürfung am Knie und blutete. Ich war natürlich schuld. Ich hätte nicht gut aufgepasst, sagte Mama. Ich habe das Gefühl, dass Mama die ganze Sache nicht mehr im Griff hat, seit wir zügeln mussten. Diese Familie mit den halbwüchsigen Kindern – schrecklich. Ich jedenfalls will einmal keine Familie haben. Heiraten und mich die ganze Zeit abplagen müssen – nein danke! Ich möchte Journalistin werden und in der ganzen Welt herumreisen.
Jetzt will ich noch über meinen großen Bruder schreiben. Er ist der Älteste. Ihn liebe ich eigentlich. Er ist schon neunzehn und hat ein Teilstipendium bekommen, um zu studieren, weil er so begabt ist. Meine Eltern sind mächtig stolz auf ihn. Papa betont zwar immer, es sei nicht wichtig, ob einer Professor oder ein Straßenwischer sei, beides sei notwendig und habe seinen Stellenwert. Man solle sich einmal vorstellen, keiner wolle mehr Straßen putzen oder den Güsel wegräumen, das gäbe eine schöne Sauerei. Überhaupt sei es am wichtigsten, dass man seine Arbeit gerne tue, und Papa hat seine Arbeit eben gerne. Er macht tolle Treppengeländer nach komplizierten Plänen und auch wunderbare Kunstschlosserarbeiten.
In unserem Wohnzimmer hängt ein großer schmiedeiserner Leuchter, den er Mama geschenkt hat. Niemals habe ich einen schöneren gesehen.
Aber ich wollte ja noch über meinen begabten Bruder schreiben, auf den Papa nichtsdestotrotz eben stolz ist, und das darf er auch sein.

Dass aus dem Proletariat ein solches Wunderkind hervorgekommen ist, lässt sein Herz eben doch höher schlagen. Mein Bruder ist ein Werkstudent. Nebst dem Teilstipendium finanziert er sein Studium selbst. Er arbeitet in einer Transportfirma. Dort muss er Kisten auf die Laster laden. Er ist sich nicht zu schade dafür – körperlich ist er stark – echt männlich. Er studiert Physik und Chemie. Das ist mir zu hoch, daran kann ich nicht teilhaben. Wenn er Germanistik studieren würde, schon eher. Wir andern sind ja auch nicht dumm. Jedenfalls habe ich die Prüfung in die Sek geschafft.
Mein großer Bruder ist eben auch als Mensch spitze. Zwar hat er nebst dem Lernen und seinem Job nicht viel Zeit für die Familie. Bei den Aufgaben, wenn ich eine Rechnung nicht lösen kann, hilft er mir immer. Und am Samstag geht er mit dem Leiterwagen einkaufen. Es braucht eben ziemlich viel Nahrung für die Familie, wir sind halt doch sechs Personen.
Und jetzt kommt noch der Hammer: Kürzlich eröffneten uns unsere Eltern, dass nochmals ein Kind unterwegs sei. Das hat mich umgehauen. Ist es denn die Möglichkeit! Jetzt sind wir Kinder doch aus dem Gröbsten heraus, und Mama ist bald dreiundvierzig! Dahinter setze ich sieben Ausrufezeichen – so viele, wie unsere Familie in ein paar Monaten zählen wird. Ich sehe voraus, dass wir dann wieder umziehen müssen in eine größere Wohnung. Das passt mir überhaupt nicht. Ich habe mich doch jetzt ein wenig eingewöhnt in der Schule.
Also wirklich – meine Eltern haben wahrscheinlich noch nie etwas von Verhütung gehört. Sie können sich doch diesen Schreihals gar nicht mehr leisten. Also ich freue mich nicht. Aber es sagen oder es mir anmerken lassen darf ich natürlich nicht aus Respekt vor dem werdenden Leben. So habe ich halt so getan, als sei das okay. Meine Geschwister waren aber bei dieser Eröffnung auch perplex. Das habe ich schon mitbekommen. Mein frecher Bruder hat sich – kaum waren wir draußen auf dem Gang – vielsagend einige Male an die Stirn getippt.

So – für heute will ich mit meinem Tagebuch zu Ende kommen. Wenn ich das Wort «Ende» schreibe, hoffe ich inbrünstig, dass alles mit unserer Familie ein gutes Ende finden wird.

Tschüss Tagebuch, bis zum nächsten Mal.

Erwachsensein

Alltag: Familie, Beruf

Familie und Beruf

Mein Aufbruch in die Welt der Erwachsenen ist eine Entwicklungsstufe, die überaus aktiv gelebt worden ist. Über diesen Lebensabschnitt habe ich viele Seiten vollgeschrieben, aber dann entschieden, dass dies zu viel sei, zu ausführlich. Es geschah viel und Spannendes, Freudiges, Trauriges, Interessantes nach der Jugend, ab 23 bis etwa vierzig Jahren. Ich betrat Neuland, stieg später auch wieder ins Berufsleben ein, im Gericht und in einer Gemeinde. Eine Weiterbildung ermöglichte mir neue Ausblicke. Da dies jedoch ein Versuch ist, zum Teil lyrische Dichtung zu schreiben, passt das Leben mit Mann und Kindern, Haushalt in der Stadt und Ferienhäuschen am Fluss mit großem Landanteil, den wir nach unseren Wünschen gestalteten, nicht in diese Gedicht- und Textreihe und würde zu weit führen. Die Lebensphasen des Erwachsenseins sind bodenständig, mit viel Arbeit verbunden und mit der Erziehung der Kinder, deren Entwicklung und Ausbildung ausgefüllt.

Es sei nur so viel verraten: Manfred baute mit mir ein neues Leben auf. Wir wohnten in einer Neubauwohnung nahe am Stadtrand. Es war schön dort in der Nähe des Waldes. Nicht weit vom Haus entfernt führte ein Tobel vom Bergzug hinunter ins Tal. Wir bekamen zwei Kinder, eine Tochter und einen Sohn.

Ich stand nun da mit einem Ehemann und den Kindern – fünfundzwanzig Jahre alt. Oft beschlich mich ein Gefühl, dass ich irgendwie etwas verpasste; dass ich nun so angebunden sei und zu schnell mit den Pflichten einer Ehefrau und Mutter konfrontiert worden war. Selbstverständlich fehlten die Freuden nicht, die diese Lebenslage bot. Ich schalt mich immer, weil ich zwischendurch so fühlte und fand mich nicht ganz normal. Ich wusste nicht, dass dieses leise

Bedauern eben dazugehörte, hatte ich doch endgültig Abschied genommen von den Träumereien meiner Kindheit und Jugend. Über Jahre hinaus blieb jetzt kaum Zeit für mich. Aber ich wollte mein Bestes geben. Ich bin nicht sicher, ob es mir gelungen ist.

Der Arbeiter

An einer belebten Geschäftsstraße bauten sie ein hohes Haus. Einige Hände errichteten Stein für Stein, und starke Mauern wuchsen allmählich in die Höhe.

Langsam fuhr ein schwerer Lastwagen, mit Zementsäcken beladen, vor die Baustelle. Eine gebeugte Gestalt trat hinzu, zwei Hände griffen nach einem der Säcke und luden ihn auf den krummen Rücken. Sie waren rau und knorrig, diese Hände, voller Schwielen, rissig und schmutzig. Sie hatten manches Jahr harte Arbeit getan, um bittenden feinen Kinderhändchen das tägliche Brot zu reichen. Einen Augenblick schien es, als sinke der gebeugte Körper unter der Last zusammen, doch nach einer harten Anstrengung strafften sich die Glieder, die Fäuste krallten sich krampfhaft am Sack fest, die Muskeln spannten sich, und mühsam richtete der Mann sich auf, um langsam, mit tastenden, sorgfältigen Schritten den Zement zur Baustelle zu tragen. Nach einer Weile erschien er wieder, er atmete schwer und ging kaum aufrechter als vorhin unter der Last. Sack um Sack trug er fort, still, mechanisch.

Einmal hob er sein Gesicht. Eine Haarsträhne klebte ihm über die feuchte Stirn, die mit tiefen Furchen durchzogen war. Zwei müde Augen blickten ernst unter struppigen Brauen hervor, und von den Nasenflügeln zogen sich tiefe Rinnen über eingefallene Wangen zu einem streng verschlossenen Mund.

Ein Gesicht, vom Leben scharf gezeichnet, von einem Leben, das stets von der quälenden Sorge überschattet war, das Nötigste zu beschaffen. Dieser Körper in dem staubigen Arbeitskleid hatte täglich härteste Arbeit zu bewältigen. Deshalb sind die Füße in den groben Schuhen so müde geworden, dass sie nur noch schwerfällig gehen können, deshalb bleibt dieser Rücken gebeugt, selbst wenn die Last

von den eckigen Schultern genommen wird, und deshalb sind in dieses Gesicht so tiefe Furchen eingegraben.
Ein Arbeiter – ein Mensch, der unter schweren körperlichen Anstrengungen sein Leben verdient. Schaut ihn an, blickt still in sein Gesicht und ehrfürchtig auf seine Hände! R.H.

Erschienen in der Zeitung **Volksrecht** am 6. Februar 1952

Die Versöhnung

Der Tag ließ sich nicht gut an. Obwohl es Sonntag war, erschien das Leben grau und eintönig, und der Himmel war eine bleierne Fläche. Sie hatten sich gestritten, und nun saßen sie auf den ungemachten Betten, trübsinnig und lustlos auf das Muster des Teppichs starrend. Er war der erste, der die Stille unterbrach: «Willst du nicht vielleicht wenigstens das Morgenessen zubereiten?»
Sie erhob sich übellaunig und klapperte in der Küche geräuschvoll mit dem Geschirr. Er setzte sich ebenso übellaunig an den Tisch und murmelte etwas von zu dünnem Kaffee. Sie hüllte sich in eisiges Schweigen. Es war sehr ungemütlich.
Dann saß er bis mittags über seinen Geschäftsakten. Es erboste sie sehr, und sie nährte in ihrem Herzen stille Vorwürfe. Die ewig sich gleichenden Vorwürfe, die Frauen ihren Männern gegenüber hegen: Er hat nie Zeit für mich – immer das Geschäft, heute ist doch Sonntag – ich bin ihm nicht mehr wichtig.

Sie fühlte sich ganz als unverstandene Frau. Am Nachmittag hellte das Wetter auf, und sie entschlossen sich, noch ein wenig auszufahren. Sie fuhren schweigend dahin, ohne sich um das Ziel zu kümmern. Da las er beim Passieren einer Ortstafel den Namen des Dorfes und sagte ihn laut vor sich hin. Sie sah ihn erstaunt an, und er erklärte: «Hier in der Nähe war ich als Junge für einige Zeit bei Bauersleuten, ich weiß nur nicht mehr, wo.»
Dabei lag ein so verlorener Ausdruck auf seinem Gesicht, dass sie interessiert fragte: «Möchtest du denn wieder wissen, wo es war?»
«Ich weiß nur noch den Vornamen des Bauern. Das Haus lag irgendwo auf einer Anhöhe, es hieß ‹auf dem Hubel›, entgegnete er still.
Ihr fiel plötzlich etwas ein. «Wir könnten in der Dorfwirtschaft nach dem Weg fragen!»

Der Rössliwirt wusste Bescheid, und bald fuhren sie durch ein holpriges Sträßchen, das sich durch Wald und Wiesen in die Höhe wand. «Es ist nicht hier», ließ er abrupt vernehmen. «Wir kehren besser um, bevor wir uns ganz verfahren.»
«Aber dort kommt die Abzweigung, die der Rössliwirt erwähnte. Lass uns doch weiterfahren, bitte!» Sie sagte es in einem dringlichen Ton.
«Was kann dir so viel daran liegen, du warst ja niemals hier?» Aber er fuhr weiter, fünf, acht, zehn Minuten.

«Hier.» Er stoppte brüsk. «Da ging ich jeden Tag mit der Milch zur Molkerei.»
Er fuhr weiter, und da sie jede Regung an ihm kannte, sah sie an der Art, wie er die Stirn in Falten legte, dass er erregt war.
Plötzlich kam das Haus in Sicht. Er schwieg und fuhr langsam darauf zu. Dann stellte er mit ruhigen Bewegungen den Motor ab und stieg aus. Sie blieb sitzen. Er sah sie fragend an. Eine große Schüchternheit hatte sie erfasst, als sei sie nicht schon zehn Jahre mit ihm verheiratet.
«Ich dachte nur, du wolltest vielleicht lieber allein sein.»
Seine Aufforderung, mitzugehen, erfüllte sie mit Freude.
Die Bäuerin, eine Frau um die siebzig, trat aus dem Schuppen, sah neugierig und fragend zu ihnen hin. Dann stutzte sie, und plötzlich erkannte sie ihn. Ihre Schritte aber blieben gemessen, als sie zu ihnen hintrat.
Ihr Gesicht strahlte, und sie stammelte unsicher seinen Vornamen. Als sie sich etwas gefasst hatte, wiederholte sie einige Male, wie sehr sie sich freue, ihn nach all den Jahren wiederzusehen. Die Bäuerin führte sie ins Haus. In der Wohnstube sah er sich aufmerksam um. Diese sei renoviert worden», beeilte sich die Bäuerin zu erklären, als sie seine suchenden Blicke sah.
«Aber wenn du deine ehemalige Kammer sehen willst, geh nur hinauf und zeige sie deiner Frau!» Das «Du» kam ganz selbstverständlich über ihre Lippen. Er nickte begierig. Sie deutete die Treppe hinauf.

«Du wirst den Weg sicher noch finden, ich werde euch inzwischen etwas zu essen richten», sagte sie und verschwand in der Küche. Sie stieg langsam hinter ihm die Treppe empor. Vor einer alten Holztür wartete er eine Weile, stieß sie dann auf und trat ein.

Sie beobachtete ihn durch die offene Tür. Eine Weile blieb er unbeweglich stehen und ließ seine Augen von Gegenstand zu Gegenstand schweifen. Ein altes Bett, rotgewürfelt überzogen, ein dunkler Kasten, eine altertümliche Kommode, ein Tisch mit dünnen Beinen und ein Korbsessel. Sie folgte ihm mit den Blicken von Stück zu Stück und begriff. Er fand alles unverändert. Jedes Ding stand an seinem Platz wie vor drei Jahrzehnten. Er war wieder ein kleiner Junge, und die Last der Erfahrungen fiel von ihm ab.
«Es ist wie ein Wunder…», hörte sie ihn sagen. «Nach dieser Zeit etwas zu finden, das sich nicht verändert hat. Als ich diesen Raum verließ, war der Zweite Weltkrieg noch nicht ausgebrochen und die Atombombe nicht konstruiert. Als ich in diesem Bett schlief, wusste ich nichts, denn ich war zwölf. Dies hier ist wie eine Oase, mitten in einer sich stets umwandelnden Sandwüste.
Die Zeit ist hier stehen geblieben. Und ich bin jetzt ein Junge von zwölf. Ich empfinde die Nöte und Freuden wieder, die ich damals empfand; das Heimweh, das mich manchmal heimsuchte, die Freude am verschneiten Schlittenweg durch den Wald, die heimliche Angst vor dem Hund im nachbarlichen Hof, die Verehrung für die Bäuerin, die Zärtlichkeit für das kleine Fohlen.»

Sie lauschte seiner Stimme, die weitererzählte. Ein Teil seiner Jugend erstand aus der Vergessenheit. Kein noch so angestrengter Versuch, sich zu erinnern, hätte ihn bloßlegen können, nur diese unveränderte Kammer. Sie erkannten beide, wie Erlebtes und Vergessenes aus dem tiefen Brunnen der menschlichen Seele wieder emporsteigen konnte, gegenwärtig, aber dennoch unwirklich geworden durch das Enteilen der Zeit.

Dieses gemeinsame Erkennen auf eine so seltsame und eindrückliche Weise ließ sie wieder bereit werden füreinander. Sie empfing den ihr offenbarten Teil seiner Jugend wie ein Vermächtnis, und er war von Dankbarkeit erfüllt, dass sie die Bedeutung dieser Stunde verstanden hatte.

R.H.

Erschienen in der Zeitung **Volksrecht** am 25. November 1953

Mutterfreuden mit den süßen Kleinen

Halb sieben Uhr morgens! Auf den Zehenspitzen schleiche ich am Kinderzimmer vorbei. Eben hat mein Mann sich verabschiedet. Ich erreiche das Bett und will mich eben nochmals wohlig umdrehen in der Absicht, mich noch für eine Stunde den Träumen hinzugeben. Aber sie hat sich geöffnet, die Kinderzimmertür nämlich. Da trippeln sie heraus mit geradem Kurs auf Mamis Bett. Ich stelle mich schlafend, aber sie bleiben hartnäckig davor stehen, wie ich unbemerkt blinzelnd feststelle. Sie zupfen sogar an der Decke.
Nichts mehr zu wollen! Ich öffne die Augen und begrüße sie; noch zurückhaltend, versteht sich, ihnen bedeutend, dass sie noch still sein müssen, es sei immer noch ein wenig Nacht, und die Leute schliefen noch. Dann begleite ich sie zurück ins Kinderzimmer und erlaube ihnen, zu spielen. Aber nicht streiten!

Es ist noch ziemlich dunkel draußen, und ich kämpfe den täglichen Kampf. Er fällt nicht immer gleich aus. Je nach dem Grad meiner Müdigkeit. An Schlafen ist nicht mehr zu denken, da sie nun einmal wach sind. Aber sich wenigstens nochmals hinlegen! Meistens tue ich es, aber nicht für lange. Wumm! Türe aufgeflogen! Begeistert stürzt Leonarda, die Vierjährige, hinaus:
«Mami!», gellt es durch die Wohnung. «Simon hat die Salbe ausgedrückt!»
O Gott, ich habe sie gestern im Kinderzimmer liegen lassen, als ich ihm Brust und Rücken damit einrieb.
Wirklich, die Tube ist beinahe leer, dafür hat Simon plötzlich weiße Haare, und kleben tun sie auch. Nein, es hat wirklich keinen Sinn mehr. Mit einem letzten resignierten Blick auf mein Bett reiße ich Decken, Kissen und Leintücher weg. Das Fenster weit geöffnet! Ein kühler Luftzug streicht durchs Zimmer. Mein Tagewerk beginnt.

Ich bin ernstlich böse mit Simon, aber ich brauche keine Strafe auszudenken. Sie folgt, indem ich das Notwendige tue. In die Badewanne! Das ginge noch an. Aber als ich ihm die Haare einseife und zum Schluss gar die Brause öffne, tut er seinen Unwillen kund, indem er das Rauschen des Wassers übertönt. Nun bin ich vollends wach und die Hausbewohner auch. Leonarda steht mit leuchtenden Augen daneben: «Mami, ich brülle nicht, wenn du mir die Haare wäschst, gell?» Erst als ich ihn im Badetuch trocken reibe, beruhigt er sich. Seine Haare riechen mild nach Shampoo, seine Glieder sind rosig und warm, und die dunklen Augen blicken mich strahlend an. Ein Händchen schält sich aus der Decke, ich muss es küssen und bin nicht mehr böse.

Leonarda zupft mich am Kleid. «Ich bin auch lieb!» Sie blickt mich vorwurfsvoll an, und ich beeile mich, sie ebenfalls zu liebkosen, um die unvermeidliche Eifersucht aus ihrem kleinen Herzen zu scheuchen.

Das Morgenessen verläuft ausnahmsweise ohne Zwischenfälle. Ich erinnere mich schaudernd zerschlagener Teller und Tassen, brauner Kakaobrühe auf dem Tisch, verbrannter Zungen, Bissen, die im Halse steckengeblieben, umgeworfener Konfitürengläser, deren klebriger Inhalt sich auf den Küchenteppich ergossen hatte. Heute indessen sitzen meine beiden friedlich am Tisch, und ohne allzu viele Ermahnungen meinerseits essen sie sich satt.

Draußen tropft der Regen von den Dächern. Ich trauere dem Sommer nach, als sie noch den ganzen Tag im Garten spielen konnten. Wo sich jetzt ihr Betätigungsfeld befindet, kann jeder feststellen, der unser Haus betritt. Sonderbare Tapetendekorationen in Form von bunten Farbstiftstrichen weisen den Weg, ziemlich mitgenommene Möbel, ein unvorstellbares Durcheinander von Bauklötzen, Papierfetzen, Puppen, Bilderbüchern deutet darauf hin. Mit Vorliebe verbauen sie die Räume auch mit Eisenbahnen, wozu sie sämtliche Sitzgelegenheiten benötigen, die sich auftreiben lassen. Voller Tatendrang will ich jeweils des Vormittags den Staubsauger aus dem Kasten zerren. Ihn jedoch benützen zu wollen, ist unter diesen Umständen ein Ding der Unmöglichkeit. Was bleibt mir anderes übrig, als ihn ergeben wieder wegzuschließen?

Heute kremple ich nach dem Morgenessen die Ärmel hoch, um endlich einmal die wollenen Sachen zu waschen, die zu einem beängstigenden Berg angewachsen sind. Ich bereite im Lavabo ein Schaumbad zu und lege die Wäsche ein – da klingelt das Telefon, und ich stürze hinzu. Eine Kollegin! Sie erzählt mir mit begeisterter Stimme von ihrer bevorstehenden Heirat, anschließend vom Geschäft, von den andern Kolleginnen, vom gestrigen Theaterbesuch und so weiter und so fort. Ich höre höflich zu, werde aber doch langsam ungeduldig. Leonarda versucht inzwischen mit zäher Ausdauer, mir den Hörer aus der Hand zu schnappen. Als es mir zu bunt wird, klapse ich sie auf die Hand. Zeter und Mordio! Ich schiebe sie hinaus und schließe ab. Daraufhin wird die Türklinke automatisch; sie bewegt sich mit unheimlicher Schnelligkeit und lautem Getöse auf und ab. Ich halte sie fest, aber von außen wird jetzt das unschuldige Holz der Türe bearbeitet.

«Ruhe!», brülle ich, aus der mühsam aufrechterhaltenen Fassung gebracht.

«Wie bitte?», tönt es konsterniert aus dem Telefon.

Meine Donnerstimme hat gewirkt! Es ist nun ruhig, und ich kann ungestört telefonieren. Nach zehn Minuten trete ich nichts ahnend aus dem Zimmer. Wo sie nur stecken? Ich höre ein verdächtiges Geplätscher. Es kommt aus dem Badezimmer! Mit einem unangenehmen Gefühl im Magen eile ich hinzu. Sie sind stillvergnügt und halten große Wäsche mit meinem Einweichwasser. Im Lavabo erblicke ich nur noch ein unansehnliches Häuflein nasser schmutziger Wollsachen. Das Wasser war nämlich mittels Suppenschöpflöffel auf den Badezimmerboden geleert worden. Simon putzt die Wände mit dem Schaum. Leonarda hat ihr Vreneli ausgezogen, dessen Kleider gewaschen, und nun muss die arme Puppe noch schwimmen lernen auf dem Badezimmerboden. Kein Wort bringe ich heraus, aber wenig später landen sie beide in ihren Betten. Nun bin ich wirklich am Ende und beneide meine ledigen Kolleginnen. Ach wie schön, so im Büro zu arbeiten und dann heimzukommen in die Ruhe, tun, was einem gefällt. Ich male es mir wieder einmal in den rosigsten Farben aus. Die haben ja keine Ahnung…! Kochend schicke ich mich an, Ordnung zu schaffen, da läutet die Türglocke. Ich beschließe, nicht zu öffnen, aber das Gebrüll aus dem Kinderzimmer dröhnt bis ins Treppenhaus hinaus. Die Türe öffne ich nicht eben sanft. Ach so, der Metzger mit dem Fleisch. Er kriegt heute kein Trinkgeld.

Nun beginnt bei uns das Kräftemessen. Leonarda und Simon haben eine unglaubliche Ausdauer im Brüllen. Ich widerstehe nicht sehr heldenhaft der Versuchung, sie wieder aus den Betten zu nehmen, indem ich die Küchentür schließe und wenig später das Fleisch ins heiße Fett gleiten lasse. Es zischt, überzischt das Konzert meiner Kinder.

Für dieses Mal hat meine Konsequenz gesiegt.

Ziemlich erhitzt und aufgelöst begrüße ich mittags meinen Mann. Eigentlich hätte ich jetzt adrett und gepflegt aussehen müssen, ihn heiter gestimmt an einen blumengeschmückten Tisch führen sollen. Nun ist aber der Küchendampf in meine Kleider gedrungen, meine Nase glänzt, und sehr sorgfältig frisiert bin ich auch nicht mehr. Und der Tisch! Ich kann ihn immer erst im letzten Augenblick decken, um nicht riskieren zu müssen, einen Scherbenhaufen auf dem Teppich vorzufinden. Sonderbarerweise ist unsere Ehe bis dahin an diesen Unterlassungssünden noch nicht gescheitert.

Nach dem Essen sind die Kinder und ich erschöpft. Sie lassen sich widerstandslos zum Mittagsschlaf niederlegen.

Ich räume das Geschirr in die Küche. Abwaschen? Ausgeschlossen. Keinen einzigen Teller mehr. Ich sinke auf einen Stuhl und tue etwas Unerhörtes: nämlich nichts. Mein Flickkorb ist zum Bersten voll, die Wäsche ungeplättet, und eine trübe Schicht liegt auf den Möbeln. Ich bewundere euch, ihr Fleißigen, Unermüdlichen, die ihr nicht schon am Nachmittag müde werdet, sondern unverdrossen alles aufarbeitet.

Ich hingegen lümmle auf der Couch herum, rauche eine Zigarette, stelle das Radio an oder nehme ein Buch zur Hand oder spiele Klavier oder sitze ganz einfach da mit verschränkten Armen und träume. Jetzt, da sie schlafen, da ich Zeit hätte, all meinen versäumten Hausfrauenpflichten nachzukommen, kann ich mich einfach nicht dazu aufraffen. Würde ich doch täglich während der zwei ruhigen Stunden vom Staubsauger zum Putzlappen, vom Putzlappen zum Bügeleisen, vom Bügeleisen zum Flickkorb hetzen! O, wie wäre mein Haushalt in tadelloser Ordnung! Utopischer Wunschtraum! Leider habe ich ganz einfach Angst. Angst, zu vergessen, wie eine Mozartsonate klingt, Angst, die Freude an der Sprache zu verlernen, Angst, die Existenz gewisser Bücher und Gedichte komplett zu vergessen. Angst, mich irgendwo zu verlieren, aufgesogen zu werden vom Staubsauger, in einem Berg gebügelter Wäsche zu verschwinden oder im Putzkessel zu ertrinken.

Und dann kommen sie wieder mit ihren unermüdlichen Fragen, mit ihren verschiedenen Anliegen: «Mami, zeichne ein Haus, Mami, sing, spitze uns doch die Farbstifte, bitte erzähl eine Geschichte!»

Im Nu ist der Abend da, und ich habe wieder einmal zu wenig geleistet. Aber es ist sonderbar, und irgendwie geht die Rechnung nicht auf: Ich fühle mich nämlich gar nicht so schuldbewusst, wie ich eigentlich sollte. Immerhin fasse ich jeden Abend den Vorsatz, am nächsten Morgen dann extra früh aufzustehen. R.H.

Erschienen in der Zeitung **Wir Brückenbauer** am 1. Dezember 1961

Ferien à la mode du patron

Es gibt die verschiedenartigsten Sorten von Ferien. Jede Familie hat da so ihre Gepflogenheiten. Da sind die Wohlorganisierten. Bereits kurz nachdem der Christbaumschmuck versorgt ist, zerrt der Herr des Hauses alle Landkarten, die sich auftreiben lassen, aus den Schubladen hervor, setzt sich gewichtig hin und entwirft Plan um Plan. Eine Reise rund um die Schweiz wird sorgsam ausgedacht, jeder Ort fürs Übernachten notiert und das Datum festgesetzt. Oder eine Reise ins Ausland wird geplant und zwar bis ins äußerste Detail. Einmal entschieden, gibt es an der ganzen Sache nichts mehr zu rütteln bis zur Abreise in einigen Monaten. Die Hausfrau kann sich in aller Ruhe darauf vorbereiten, die nötigen Utensilien richten, die Kinder gegebenenfalls vorzeitig bei Großeltern oder andern Verwandten anmelden.
In diesem Kreis wohlgeplanter Ferienordnung fühle ich mich sehr fehl am Platze. Erkundigt sich nämlich jemand am Tag der Abreise, wo wir hinführen, muss ich den Kopf schütteln und eingestehen, dass ich es nicht wisse. Man betrachtet mich dann je nachdem mitfühlend oder beleidigt. Unsern Ferienrummel will ich gerne beschreiben.

Eines Tages, im heißesten Sommer, runzelt mein Gebieter die Stirn und spricht: «Warum sind eigentlich die Kinder noch nicht in der Schule?»
«Wir haben Ferien, schon seit zwei Wochen, Papa!», belehrt ihn meine Tochter.
«Ferien – eigentlich wollte ich ja… der Rest geht in einem undeutlichen Gemurmel unter. Für einige Tage sehe ich ihn nun fast nie. Morgens um sechs Uhr fährt er weg, und abends gegen neun erscheint er wieder. Ich weiß, es bereitet sich Großes vor. Für alle Fälle halte ich allen für mindestens vier Wochen saubere Wäsche und Kleider bereit.

Nach etwa drei Tagen lässt sich mein Gemahl mit einem tiefen Seufzer aufs Bett sinken.
«Endlich – ich habe es geschafft, alles ist organisiert, die Arbeit aufgeteilt und in vertrauenswürdigen Händen. Das Geschäft kann für einige Zeit ohne Patron auskommen. Ich mache Ferien! Wie wäre es, wenn wir dieses Jahr eine Ferienwohnung mieteten?»
Ich schnappe nach Luft. «Es sind bestimmt alle vermietet. Hubers nebenan und Walters im oberen Stock haben sich schon im Winter angemeldet.»
Es folgt ein langer Vortrag über die Unmöglichkeit eines selbstständig Erwerbenden, die Ferien im Voraus planen zu können. Und dann der optimistische Schlusssatz: «Wir werden schon etwas finden, packe du nur die Koffer, damit wir morgen früh wegfahren können.»
Es ist neun Uhr. Dessen ungeachtet steige ich auf den Estrich und hole unsere Koffer hinunter. «Wohin fahren wir eigentlich, an einen See oder in die Berge?», erkundige ich mich schüchtern. «Weiß selbst nicht, wo es noch Platz hat.» Diese Antwort ist kaum mehr vernehmbar, dann höre ich nur noch tiefe Atemzüge, und er schläft den Schlaf des Gerechten. Ich aber packe die Koffer. Sonnenhüte, Badekleider, Windjacken, Bergschuhe, Pullover, Strandkleider usw. Er macht große Augen anderntags, vier schwere Koffer, zum Bersten voll. Ich erkläre ihm ernsthaft, man könne doch weder in den Badehosen auf die Berge klettern noch in der Bergausrüstung am Luganersee liegen. Somit bliebe mir nichts anderes übrig, als alles einzupacken. Um es kurz zu machen, wir landen am Vierwaldstättersee. Wir beginnen bei Luzern und klopfen mit unseren vier Koffern jedes Dorf ab. In der Nähe von Altdorf finden wir schließlich noch eine freie Wohnung. Ende gut, alles gut, echt bürgerliche Familienferien, wie es sich gehört, mit Kindern, Sack und Pack in einer Ferienwohnung, ganze fünf Tage lang. Am sechsten, die Kinder verführen eben einen Heidenspektakel, versinkt er in tiefes Nachdenken. Ich betrachte ihn misstrauisch. «Weißt du, es wäre auch schön, noch ein paar Tage so ganz für uns ohne Kinder am Meer.»

Ich behandle ihn ganz sanftmütig und spreche ihm gut zu. Es wären jetzt alle unsere Verwandten in den Ferien, Tante Heidi, die Grossmama, auch Gotte Hulda. Er wischt meine Einwendungen mit einer großartigen Geste unter den Tisch: «Ach was, es gibt noch Kinderheime.»

Am nächsten Tag packe ich wieder unsere vier Koffer. Zu Hause, nach zwei zermürbenden Stunden am Telefon, findet sich schließlich für beide Kinder ein Plätzchen. Den Rest des Tages verbringe ich damit, jedes Kleidungsstück der Kinder mit Namen zu zeichnen. Er macht unterdessen die Runde durch die Reisebüros, wo man überall bedauert, für den nächsten Tag etwas arrangieren zu können.

Sobald die Kinder verfrachtet sind, steigen wir in den nächsten Badezug Richtung Adria aufs Geratewohl. Dort angekommen, sehe ich den Wohlorganisierten neidisch nach, wie sie vom Bahnhof aus zielbewusst den Pensionen zustreben, während wir wie Hausierer an jeder Türe anklopfen und hoffnungsvoll nach einer Schlafstätte fragen. Nach fünfstündigem Suchen finden wir zu meiner großen Verwunderung eine Unterkunft. Mein Gebieter triumphiert. Ich aber sinke erschöpft zusammen und frage mich angstvoll, ob es ihm in den Badeferien wohl gefallen werde.

Es gefällt – wenigstens bis zum ersten Sonnenbrand, der uns am dritten Tag heimsucht. Am fünften Tag erklärt mein geröteter Ehemann, Bergluft wäre eigentlich doch gesünder und für die Erholung so richtig das Geeignete. «Wir fahren doch etwas früher zurück, was meinst du?», ruft er gönnerhaft. «Und machen noch einen Abstecher ins Wallis!»

«Wir haben aber ein Retourbillett über den Gotthard», wage ich einzuwenden.

«Kann abgeändert werden», belehrt er mich weise, geht zum Bahnhof und kommt strahlend zurück. «Es hat geklappt, morgen reisen wir weiter!»

«Wir haben doch keine Windjacken und Bergschuhe, ans Meer habe ich sie doch nicht mitgenommen», murmle ich zerknirscht.

«Macht nichts, wir unternehmen nur Halbschuhtouren und schlüpfen in die Bademäntel, wenn es in den Bergen kühl wird.»
So für mich denke ich, dass zwar auch im Wallis die Fastnacht längst vorüber sei, und packe ergeben unsere Koffer zum x-ten Male. Es wird dann doch noch wunderschön im Wallis. Zum Glück bleibt es immer mild, und aus dem Fastnachtsaufzug wird zu meiner großen Erleichterung nichts. Wir genießen nun unsere restlichen freien Tage ohne Zwischenfälle. Eines ist sicher, jedesmal denke ich mit Bangen an unsere Ferien, denn mein Temperament ist eher phlegmatisch. Kehrt jedoch später das alltägliche Leben wieder, muss ich mir heimlich eingestehen, dass ich mich mit der sonderbaren Art, Ferien zu gestalten, ziemlich gut abgefunden habe. R.H.

Erschienen in der Zeitung **Volksrecht** am 20. August 1963

Ein geduldiger Mensch

Ich bin gutmütig. In den Läden muss ich immer am längsten warten, denn ich kann mir nie merken, wann ich an die Reihe komme. Aber die andern wissen es. Sie setzen ihren ganzen Ehrgeiz ein, um genau dann bedient zu werden, wenn die Reihe an ihnen ist. Nötigenfalls wehren sie sich unter lautem Protest, sollte sich jemand erfrechen, dazwischen zu schlüpfen. Ich wehre mich nicht, ich warte geduldig. Manchmal, wenn ich so verloren dastehe, zupft mich jemand am Ärmel und mahnt: «Jetzt sind Sie aber dran!» Das kommt aber selten vor, ich warte sonst meistens, bis niemand mehr im Laden ist.

In den Restaurants herrscht über die Mittagszeit ein geschäftiges Treiben. Das Personal huscht hin und her, aber bei mir huscht es immer vorbei, wenn ich mit leiser Stimme rufe. Manchmal hört es die Serviertochter. Sie schaut dann rasch hin und nickt, murmelt bestenfalls noch «Ich komme sofort».

«Sofort» bedeutet aber in den meisten Fällen mindestens eine halbe Stunde.

Über die Stoßzeit ergattere ich im Tram nie einen Sitzplatz. Ich steige eben immer zuletzt ein, denn die andern drängen mich beiseite. Einmal, ich war schwer beladen mit Paketen, da erwischte ich noch einen, und ich setzte mich aufseufzend hin. Aber da stieg noch eine alte Frau ein, und die andern sahen mich vorwurfsvoll an, weil ich die Jüngste war. So stand ich eben wieder auf, und die Henkel schnitten mir in die Hände, so prall gefüllt waren meine Einkaufstaschen, auch unter die Arme und unter das Kinn hatte ich noch etwas eingeklemmt. Zum Glück entdeckte der Schaffner in meiner Manteltasche einen Zipfel des Tramabonnements und konnte es selbst herausziehen. Es rührte mich sehr, wie mitleidig die Sitzenden mich anblickten.

Beim Coiffeur macht es mir nichts aus, mit nassen Haaren zu warten, bis die Dame nebenan wohlversorgt unter der Haube sitzt. Manchmal bleibt die Coiffeuse noch ein Weilchen neben ihr stehen, um die Geschichte von der Schwiegermutter fertig zu hören. Obwohl ich wahrnehme, wie es mich in der Nase zu kitzeln beginnt, was auf einen beginnenden Schnupfen schließen lässt, wage ich nicht zu unterbrechen, denn die gute Frau muss es sich doch einmal von der Seele reden. Ich bin eben ein geduldiger Mensch. Deshalb erstaunte es mich sehr, als ich entdeckte, dass mich etwas so in Wut bringen konnte, um mich sogar meine gute Erziehung vergessen zu lassen, ja, dass ich sogar imstande war, mich wie ein Flegel zu benehmen.

Das trug sich folgendermaßen zu: Kürzlich, als ich bei meiner Freundin rasch hineinguckte, wir tun dies gegenseitig mindestens einmal täglich, wollte es der Zufall, dass sie am Draht hing. Sie kehrte mir den Rücken, als ich eintrat, und guckte nur schnell über die Schulter zurück. Ich schloss die Tür und blieb im Korridor stehen. Ich hörte, dass sie sich gerade Tschüss sagten. Aber da fiel der Sprecherin am andern Ende noch etwas ein. Meine Freundin lauschte andächtig. Nach einigen Minuten sagte offenbar die andere Tschüss, aber da fiel meiner Freundin wieder etwas ein. So ging das einige Male hin und her, und sie hatten sich mindestens ein Dutzend Mal Tschüss gesagt. Ich hatte von Mal zu Mal inbrünstig gehofft, es wäre das letzte Mal, denn es kam mir so unheimlich vor, wie da meine beste Freundin so gleichgültig neben mir stand und immerfort in die schwarze Muschel redete. Ich erkannte, was für ein magisches Ding so ein Telefon ist. Am andern Ende war ja nur eine Stimme, während ich doch wirklich dastand, bereit zu einem angeregten Gespräch von Frau zu Frau.

Da machte plötzlich etwas Klick in mir. Ich weiß selbst nicht, wie es kam, aber im komplizierten Gefüge meines Innenlebens musste eine Sicherung durchgebrannt sein. Auf einmal machte ich kehrt, war mit zwei Schritten an der Wohnungstür, riss sie auf und schlug sie mit lautem Knall hinter mir zu, dass es durch das ganze Treppenhaus dröhnte. Ich war schon unten angekommen, als ich meine Freundin von oben nach mir rufen hörte, aber ich wollte nichts mehr wissen und ging nach Hause. Wir versöhnten uns natürlich wieder schon am nächsten Tag und unter vielen gegenseitigen Entschuldigungen. Ich kannte nun die brüchige Stelle in meinem Geduldsfaden und war auf der Hut, aber es nützte nichts.

Das zweite Mal, als mir das gleiche Missgeschick widerfuhr, war ich bei meiner Cousine zum Tee eingeladen. Wir wollten es uns am reichlich gedeckten Tisch eben gemütlich machen. Sandwiches, hübsch zurechtgemacht, lagen appetitlich auf einer Platte. Daneben, in einem zierlichen Körbchen, eine Auswahl feinster Pralinen.

Da erklang das Läuten. Mir schwante Unangenehmes. Während der ersten zehn Minuten lächelte ich verstehend vor mich hin, na ja, sie hat sicher schon lange nicht mehr mit ihrer Bekannten gesprochen. Weitere zehn Minuten saß ich angespannt da und zählte Tapetenmuster. Dann ließ ich das Zählen sein und versicherte mir krampfhaft, was für ein langmütiger Mensch ich doch sei, aber das eine letzte Restchen Geduld schmolz trotzdem dahin. Ich wurde plötzlich ganz ruhig und begann ganz kaltblütig, sämtliche Sandwiches aufzuessen. Als keines mehr übrig war, verzehrte ich auch die Pralinés, Stück um Stück. Die Hälfte war bereits verschwunden, als meine Cousine zurückkehrte. Sie war schockiert. Ich sah es ganz deutlich, obwohl sie sich die größte Mühe gab, es zu verbergen und kein Wort über meinen großen Appetit verlor. Ich tat, als ob nichts geschehen wäre und bedauerte im Stillen, dass mir nicht auch noch Zeit geblieben war, die Kanne Tee auszutrinken.

Vielleicht haben alle geduldigen Menschen eine Achillesferse. Mein wunder Punkt ist das nie endenwollende Telefonieren in meiner Gegenwart. Es wirkt auf mich wie ein rotes Tuch auf einen Stier, wenn ich nichts anderes tun kann, als hilflos einem Redeschwall zuzuhören und dabei aus dem Bewusstsein des Telefonierenden völlig entschwinde. Meine Reaktionen darauf sind deshalb etwas ungewöhnlich. Das Beunruhigende ist, dass ich gar nicht mehr so felsenfest davon überzeugt bin, ein geduldiger Mensch zu sein.

R.H.

Erschienen in der Zeitung **Volksrecht** am 6. Februar 1964

Die Strafaufgabe

Energische Mütter sind heute über die Lehrerin hergezogen. Gewichtig haben sie die Arme in die Seiten gestemmt und ihre Ansicht in treffenden Worten kundgetan. Vielleicht waren auch das Regenwetter und die durchnässten Kinderfüße daran schuld. Erbost fragt die eine: «Wissen Sie das Neueste? Eine Strafaufgabe haben die Kinder erhalten, und dies auf der Schulreise. Und wissen Sie warum? Weil sie im Tram schwatzten.» Triumphierend betonte sie das «Schwatzten».

Darauf die andere entsetzt: «Das ist doch nicht möglich! Was hätten sie denn sonst tun sollen im Tram, etwa weinen?»

«Es ist die Höhe», ließ sich die dritte vernehmen. «Zehn Sätze schreiben über das Schwatzen im Tram. Es ist barbarisch, den Kleinen die Freude an der Reise so zu verderben! Und wer muss schlussendlich die Sätze ausbrüten? Doch wir, die Mütter.» Schnippisch fügte sie hinzu: «Als ob wir nichts Gescheiteres zu tun hätten.»

Die vierte Mutter stand etwas abseits und beobachtete fasziniert das Mienenspiel der andern. «Aber», wagte sie dann etwas stockend den Einwand, «die Lehrerin hat sich doch so Mühe gegeben, den Kindern etwas zu bieten.»

Sie war nicht sehr redegewandt, und ihr Protest ging in erneutem Jammern über die Strafaufgabe unter.

Als die Klagen sich erschöpft hatten, gab sie sich wiederum einen Ruck: «Es ist doch keine Kleinigkeit, dreißig achtjährige Kinder mit den städtischen Verkehrsmitteln zu befördern und dabei für Disziplin zu sorgen.»

«Pah!» Die erste zuckte ungeduldig mit den Schultern. «Sie hätte ja den Ausflug gar nicht unternehmen müssen; es ist in der zweiten Klasse nicht Vorschrift, eine Reise zu machen. Und überhaupt…», spielte sie eine weitere Trumpfkarte voller Überzeugung aus, «ohne

zweite Begleitperson ist das sowieso unverantwortlich.» Sprachs und blickte herausfordernd in die Runde, Zustimmung erheischend.
Da ging die Mutter, die die Lehrerin verteidigt hatte, weg von den sich ereifernden Frauen. Sie sah im Geiste die Lehrerin vor sich: schmal, blass und sehr jung. Wie sie nun müde sein musste nach dem anstrengenden Tag! Das Maß der Verantwortung war vielleicht etwas über ihre Kräfte gegangen. Wie sorgfältig mochte sie den Ausflug geplant haben, freiwillig, um den Kindern eine Freude zu bereiten? Sicher hatte sie die Nacht zuvor nicht gut geschlafen; denn welch große Verantwortung, dreißig Schüler anvertraut zu bekommen, sie durch die Stadt zu geleiten, umsteigen ins Bähnchen! Wie mochte sie aufgeatmet haben, dem drohenden Verkehr entronnen zu sein! Wanderung durch den Wald, dann die Schifffahrt auf dem See, immer die Anspannung, keines der Kinder aus den Augen zu verlieren. Das schlechte Wetter mochte wohl auf ihre Stimmung gedrückt haben; denn wie schön hatte sie sichs ausgedacht, sich mit ihren Zweitklässlern im Wald zu tummeln! Doch der Regen zwang sie vorzeitig zur Rückkehr. Dabei musste man laut Wetterbericht gar nicht mit Regen rechnen!
Dann wieder durch die Stadt. Die Kinder, müde jetzt und nass, undisziplinierter als am Morgen, halten sich nicht an ihre Ermahnungen. Sie aber ist auch müde, erschöpft von der Nacht, in der sie wenig Ruhe fand, erschöpft von der ständigen Anspannung während des ganzen Tages. Sie ist auch ein Mensch und hat auch Nerven. So schlimm ist die Strafaufgabe nicht. Mütter strafen ihre Kinder manchmal weniger sinnvoll mit dem Teppichklopfer. Mütter schreien ihre Kinder wegen Geringfügigkeiten an. Mütter machen viele Fehler.

«Mama, es war schön», klang da eine Stimme, und die junge Mutter wurde in ihrem Gedankengang unterbrochen. Es ging ans Erzählen, es sprudelte hervor, die Freude leuchtete aus den Augen. Dann, am Schluss, unbefangen, die Beichte wegen der Strafaufgabe. In einer halben Stunde war sie erledigt – und bald vergessen. Keine Spur von einer verdorbenen Freude.

Liebe Lehrerin, Ihre Mühe hat sich gelohnt! Bitte lassen Sie sich nicht entmutigen, wenn energische Mütter nicht mit Ihnen einverstanden sind. Die weniger energischen sind um so dankbarer, einen Teil der großen Aufgabe Ihren Händen anvertrauen zu dürfen. R.H.

Erschienen in der Zeitung **Die Tat** am 10. Oktober 1963

Die kleinen Verrücktheiten

Schon hin und wieder habe ich mich gewundert, weshalb fast jeder Mensch einen besonderen Tick hat, der sich oft mit zunehmenden Lebensjahren mehr und mehr entwickelt. Die meisten würden natürlich eine solche Behauptung mit Entrüstung von sich weisen und betrachten ihren Tick als etwas ganz Normales.

«Wer überhaupt keine kleine verrückte Besonderheit aufweisen kann, bei dem stimmt etwas nicht», belehrt mich meine Freundin, während ich ihr staunend zusehe, wie sie voller Eifer ihren Chromstahl-Spültrog auf noch größeren Hochglanz poliert. Ich muss plötzlich geblendet die Augen schließen, denn es fällt ein Sonnenstrahl darauf und lässt ihr auserkorenes Glanzstück wie reines Silber erstrahlen. Eben stürmt ihre dreizehnjährige Tochter in die Küche und hängt sich an den Wasserhahn.

«Ich bin so durstig», stöhnt sie. «Wir hatten Turnstunde.» Ein paar Tropfen glitzern wie Perlen an dem hell glänzenden Metall. Geduldig nimmt meine Freundin ihren Lappen wieder zur Hand und wischt sie liebevoll weg. Nicht dass sie etwa von pedantischer Putzwut besessen wäre, was bereits nicht mehr ins Kapitel der kleinen Verrücktheiten gehörte; ihre Liebe zur Putzerei ist sonst eher lau, und ihr ganzer Ehrgeiz in dieser Beziehung richtet sich auf ihr Chrom-Spülbecken. Es gibt natürlich nebst diesem noch verschiedene andere Objekte, die anfällige Hausfrauen zu einem kleinen Tick verlocken.

Da sind die Böden, die über alles Maß hinaus mit dem Lappen und Blocher traktiert werden, bis man darin sein eigenes Spiegelbild erkennt. Da sind die Teppiche, die so lange gesaugt, geklopft und gebürstet werden, bis die Wollfetzen davonstieben. Da sind die Matratzen, auf die mit dem hohen Teppichklopfer eingeschlagen wird, bis deren Inhalt Mus ist. Interessant sind auch Ordnungsliebende, die nur in einem einzigen Punkt aus dem Rahmen fallen. Ich denke da

an eine Bürokollegin, die nicht arbeiten kann, wenn die Bleistifte nicht ihrer Länge nach sortiert in der Schale liegen und der Radiergummi genau im rechten Winkel dazu.
Etwas unbequemer sind die Frischlüftler: An einem nasskalten Septembertag lud mich eine Nachbarin zu einer Tasse Kaffee ein. Der Hauswart war gnädig und heizte trotz des frühen Datums. Dessen ungeachtet, standen in der andern Wohnung alle Fenster weit offen.
«Ich kann einfach diese muffige Heizungsluft nicht ertragen!», klagte meine Nachbarin, als ich fröstelnd den heißen Kaffee schlürfte.
«Was tun Sie dann im Winter?», wollte ich wissen.
«Dann muss ich eben alle Halbstunden zehn Minuten Durchzug machen», war die Antwort. «Und im Schlafzimmer lasse ich auch im strengsten Winter den ganzen Vormittag die Fenster offen. Wenn ich die Decken und Leintücher nicht jeden Tag bis gegen Mittag auslüfte, kann ich nachts nicht schlafen.»
Mich schauderte beim Gedanken an diesen Kühlschrank von einem Bett noch mehr, und ich stellte gerade Berechnungen über die Temperatur in den Räumen an, wenn draußen 15 unter Null gemessen werden sollten, als meine Nachbarin frohgemut fortfuhr:
«Man gewöhnt sich an die Kälte, glauben Sie mir. Zudem ist es gesund, sich etwas abzuhärten und dabei immer frische Luft zu atmen. Ich ziehe mich eben warm an: zwei Paar Strumpfhosen und darunter noch eine gewöhnliche und eine wollene Hose und oben zwei Leibchen und einen dicken und einen dünnen Überzieher.»
Verblüfft stellte ich mir die lange Liste dieser Wärmespender unter dem Kleid vor, und nun war mir klar, warum die Frau im Winter immer viel dicker schien als im Sommer.
Damit sind wir schon bei den Abmagerungsfanatikern. Es ist kein grosser Spaß, sie zum Essen einzuladen. Sie wägen jeden Bissen sorgsam ab und rechnen dabei die Kalorienzahl aus. Sie ziehen ihre Stirn in sorgenvolle Falten und überlegen, welches Gericht sie genießen dürfen und welches verboten ist. Kritisch wird die Situation erst,

wenn sie etwas Verbotenem nicht widerstehen können. Dann seufzen sie nach jedem Bissen, wie sehr sie ihre Sünde wieder zu büßen hätten, wenn die Waage bei der nächsten Kontrolle ein Pfund mehr anzeigen sollte. Dabei finden wir unter den Abmagerungsfanatikern nicht nur Dicke. Auch spindeldürre Gäste hatte ich schon, die sich von einer reichhaltigen kalten Platte nur eine dünne Scheibe mageren Schinkens und ein halbes hartgesottenes Ei nahmen, da sie angeblich sonst zu dick würden.

Ich spreche nicht von der lebensbedrohlichen Magersucht. Meine Gäste sind eigentlich ganz normale Menschen, die sonst gerne etwas Gutes genießen und nur hin und wieder diesen Tick entwickeln.

Der menschliche Körper dient seinem Besitzer aber nicht nur zur Erreichung der gewünschten Form als Grund für einen Tick, sondern auch zum Erlangen einer mehr oder weniger tiefen Sonnenbräune. Von Anfang Januar bis Ende Dezember wird von dieser Gruppe jeder noch so schwache Sonnenstrahl nebst künstlicher Höhensonne dazu genutzt, die begehrte bronzene Farbe zu erreichen und zu vertiefen. Mit zunehmendem Entzücken verfolgt der sich Bräunende die Farbnuancen auf seiner Haut. Wird einmal durch besondere Umstände oder andauerndes Regenwetter das Ziel seiner Wünsche verzögert, so glaubt er bald einmal, er sei nun so bleich wie ein Käse, obwohl er im Gegensatz zu seiner Umgebung so aussieht, als sei er direkt vom Äquator in unsere Breitengrade gereist.

Eine andere Gruppe, die nicht unerwähnt bleiben soll, sind die Extravaganten in Bekleidungsfragen. Ich meine damit ähnliche Fälle wie meine Bekannte, die nur ein einziges Kleid zum Ausgehen und dafür etwa zwanzig Paar Schuhe dazu besitzt, weil sie nun einmal eine besondere Schwäche für alle Arten von Schuhen hat. Sie streift stets ihre Hausschuhe ab und schlüpft in zierliche hochhackige Pumps, wenn sie die Wohnung auch nur für Augenblicke verlässt, wie beispielsweise, um den Briefkasten zu leeren.

Natürlich könnte man die Liste beliebig verlängern, denn wohl fast alle Menschen haben im Bereich des landläufig Normalen eine kleine schwache Stelle. Sie zu erkennen, zu billigen, darüber zu schmunzeln, ist sicher empfehlenswerter, als sich über die uns artfremden Gewohnheiten unserer Umgebung zu ärgern. Die Welt der Erwachsenen ist sonst so gewichtig und vernünftig.

Die kleinen Verrücktheiten der andern helfen mit, uns mit den eigenen kleinen Schwächen auszusöhnen. Wir brauchen uns ihrer nicht zu schämen, sie gehören zum Gesamtbild des Menschen. Auch grosse Geister sind ihnen unterworfen; denken wir nur an den sprichwörtlich gewordenen zerstreuten Professor. R.H.

Um 1965

Kleines Paradies am Fluss

Paradiesisch und idyllisch erschien mir das Stück Land, das mein Mann eines Tages kaufte. Ahnungslos und jeder Erfahrung bar, ahnte ich damals noch nicht, was ich heute weiß: dass Grundbesitz einen Mann verändert…

Ich war entzückt, als ich das Grundstück zum ersten Mal sah. Inmitten von Wäldern lag es als sonnige Wiese nahe am Fluss, der unterhalb einer waldigen Böschung ein silbernes Band zog. «Ganz hübsch, nicht wahr?», sprach mein eben zum Landbesitzer gewordene Gatte mit kaum verhehltem Stolz. «Aber natürlich kann man noch viel mehr daraus machen.» Hätte ich damals geahnt, was seine Worte bedeuteten!

«Wie idyllisch!», rief ich begeistert und kletterte die waldige Flussböschung hinunter. «Gehören diese Bäume nun alle uns?»

«Natürlich, die Wiese und der ganze Abhang mit Baumbestand.»

Ich blickte zu den drei Tannen auf, zum Wipfel der alten Linde, dem Prunkstück unter vielen andern Bäumen: Buchen, Eichen, Erlen, Ahorn. Darunter lag ein Dickicht von Haselbüschen.

«Wir könnten einen kleinen Weg bauen, der zum Fluss hinunterführt», schlug ich vor.

Mein Mann blickte nachdenklich um sich. «Aus dieser Böschung werde ich etwas ganz Besonderes machen», erwiderte er. «Doch das hat Zeit, zuerst muss das Weekendhäuschen gebaut sein.»

Die Pläne lagen bereits vor, und im Frühjahr wurde unser kleines Weekendhaus schlüsselfertig. Der Tag war da, an dem die ganze Familie zum ersten Mal in den neuen Kabinenbetten zur Ruhe ging. Die Kinder vollführten einen tollen Spektakel vor Freude, und ich selber war gerne bereit, nach den Aufregungen des Bauens und Einrichtens auf den Lorbeeren etwas auszuruhen.

«Wie schön werden wir es nun haben!», seufzte ich glücklich. «Es bleibt nichts mehr zu tun, als rund ums Haus wieder etwas Gras anzusäen und, natürlich, den Weg zum Fluss zu bauen.»

Mein Mann starrte mich so fassungslos an, als hätte ich eben etwas Ungeheuerliches geäußert.

«Du glaubst doch wohl nicht im Ernst, ich werde nun an den Wochenenden einfach die Hände in den Schoß legen und die Bäume angucken! Die richtige Arbeit beginnt erst jetzt, ich werde aus diesem Fleckchen Land einen Garten Eden schaffen.»

«Es ist ja schon einer», sagte ich schüchtern und blickte über die grüne Wiese und die drei Tannen. Verträumt lauschte ich ihrem Rauschen, und Heidi in der Alphütte kam mir in den Sinn.

Die eine Tanne muss auf jeden Fall weg, die in der Mitte; so wird es etwas heller und luftiger», sprach mein Gebieter. Am nächsten Tag, es war etwa fünf Uhr morgens, weckte mich anstelle des Tannenrauschens das Ächzen der Säge. Ich stürzte hinaus.

«Ich bin bald durch», begrüßte mich mein Mann.

Vom Baumfällen verstehe ich nichts. Ich stand bebend dabei, als der neugebackene Wochenendhaus-Besitzer das Seil befestigte, und sah abwechselnd das Dach des Häuschens eingedrückt oder meinen Mann schwer verletzt unter dem Baumstamm liegen. Ich schloss zitternd die Augen, und mir schwante bereits, dass meine erträumten geruhsamen Tage nicht frei von Aufregungen sein würden. Ein lautes Getöse ließ mich entsetzt aufblicken. Die Tanne lag quer über der Böschung, und mein Mann stand unversehrt daneben. Ich flog auf ihn zu und umarmte und küsste ihn so stürmisch, als sei er ein Jahr in Amerika gewesen.

«Nanu, was ist denn los mit dir?», brummte er. «Bist du auch froh, dass sie weg ist?»

Ich nickte tapfer, obwohl ich beim Betrachten der Lücke in der Herzgegend einen leisen Stich verspürte. Dass ich an seinen holzfällerischen Fähigkeiten zu zweifeln imstande war, kam ihm natürlich nicht in den Sinn, auch wenn die Tanne der erste Baum war, der durch seine Hand gefallen war. Ich tröstete mich mit den andern Bäumen. Aber bald begann ich sie angstvoll zu zählen. Mein Mann rodete mit einer Verbissenheit, als sei er im unwegsamsten Urwald und wolle sich dort um jeden Preis eine Blockhütte bauen. Eines Tages war ein Teil der bewaldeten Böschung kahl. «War es vorher nicht schöner?», bemerkte ich etwas zweifelnd.

«Du liebe Zeit, nein!», rief er ungeduldig, «jetzt fallen Licht und Sonne auch hinter das Haus, es war vorher viel zu schattig.» Seine Miene wurde ganz geheimnisvoll. Hier hinten will ich eine Art Plattform bauen, damit man eine schöne Aussicht auf den Fluss hat.»

Im ersten Augenblick fand ich die Idee glänzend; aber als er mit der Ausführung des Planes begann, wünschte ich zum ersten Mal, wir hätten eine Weltreise gemacht, statt Häuschen und Land zu erwerben.

«Ja, wie hast du es dir denn vorgestellt?», fragte er, als ich fassungslos auf die riesigen Berge nassen Drecks starrte, die sich zu beiden Seiten des Häuschens bis zum Dach hinauf türmten. «Glaubst du etwa, eine Terrasse wachse von selber? Diese Haufen da», er blickte sie an, als seien sie aus purem Gold, «...sind über den gerodeten Hang verteilt worden.»

«Du lieber Himmel, da kannst du aber zehn Jahre lang schaufeln!» Ich sah ihn schon Samstag für Samstag schuften, und die geruhsamen Wochenenden rückten in noch weitere Ferne, so weit, dass ich uns beide bereits als Greise sah, bis wir jemals dazu kämen, das Weekend zu genießen.

Er lachte laut. «Du Schäfchen, natürlich werde ich nicht mit der Schaufel arbeiten, sondern mit dem Trax!»

Da verließ mich vollends die Fassung.

«Nein», schrie ich. «Du wirst nicht noch einen Trax kaufen!»

«Nicht kaufen, aber für ein Wochenende mieten», sagte er ruhig.

«Und ich komme nicht mehr da hinaus, bis diese Dreckhaufen verschwunden sind», sagte ich aufgebracht. «Schließlich will ich meine Wochenenden nicht in einer Kiesgrube verbringen.»

Er hörte mich schon nicht mehr, sondern stapfte mit Kennermiene um seine Berge von Dreck herum hinter das Haus, um fachmännisch den Boden zu prüfen, während ich verzweifelt ausrechnete, welch elegante Sommergarderobe ich anstelle dieser elenden Haufen hätte kaufen können.

Ich hielt Wort. Das nächste Mal blieb ich mit den Kindern zu Hause, es war feucht und regnerisch. Misstrauisch blickte ich ihm entgegen, als er am Sonntagabend heimkam. Er war strahlender Laune.

«Du kannst wieder kommen, es ist alles verteilt. Herrlich wird es, du wirst staunen!»

Im Geist sah ich bereits eine fertige Terrasse, einen großen flachen Platz, über dem Fluss gelegen, mit Aussicht auf das Wasser und die wilden Flühe weiter flussabwärts. Und ich staunte in der Tat, als wir am nächsten Samstag aus dem Wald kamen. Zu beiden Seiten des Hauses, wo die Haufen gelegen hatten, war der Boden in wüsten Furchen aufgeraut; wo grünes, kräftiges Gras gesprießt hatte, gab es nichts mehr als eine lehmige, zähe, mit unzähligen Steinen übersäte Pappe. Die Bescherung erstreckte sich bis tief in die Wiese hinein, von der nur ganz vorne noch ein kleines Stückchen übrig geblieben war. Hinter dem Haus dehnte sich jetzt wohl ein ebener Platz, aber niemals hätte man darauf gehen können. Man wäre im Moor unrettbar stecken geblieben.

Mein Mann beeilte sich, alles zu erklären. Die tiefen Furchen, der nasse Dreck fochten ihn nicht im Geringsten an. Er war mitten im Planen, sah bereits voraus, entwarf unbeirrt die nächsten Arbeiten, strebte unermüdlich und gut gelaunt der Verwirklichung seines Gartens Eden entgegen, der nunmehr eher der Verwüstung nach der Sintflut glich. «Der Regen ist schuld, dass es nun ein wenig uneben ist. Ich musste auf der nassen Wiese mit dem Trax hin- und herfahren, aber Gras wächst schnell wieder nach», lautete sein einziger Kommentar zu dieser Verwüstung. Es warf mich beinahe um.

Grimmig begann ich nun, mir stets das Allerschlimmste auszudenken: Ich sah den letzten Winkel unseres Grundstücks in sumpfigem

Morast versinken, die herrliche Linde fallen, und ich stellte mir das Haus auf unmögliche Art umgebaut und in den verrücktesten Farben bemalt vor. Von diesem Augenblick an erblickte ich in diesem Ort nicht mehr das geruhsame Refugium, sondern das Spielzeug meines Gatten. Mein kleines Paradies wurde zu einem Platz, wo mein Mann planen und ausführen, verwerfen und ummodeln konnte, wie es ihm beliebte. Er war der unumschränkte Herrscher in diesem kleinen Reich. «Ich wollte dir auch eine Freude machen, sieh nur!» Er deutete auf eine kahle Stange, die trübselig mitten aus dem Morast gegen oben stach. Ratlos blickte ich ihn an.
«Das ist eine Fahnenstange, die habe ich aus der kleinen Buche gemacht.» Damit überreichte er mir ein Paket, und als ich es öffnete, blickte ich auf das Wappen meiner ehemaligen Heimatstadt. Wie hätte ich es da fertiggebracht, noch um die junge Buche zu trauern? Die Kinder zogen voller Freude die Fahne hoch.
In der nächsten Zeit war das Wetter trocken, und entgegen meinen pessimistischen Erwartungen nahm die Plattform langsam Gestalt an. Die Kinder und ich halfen eifrig mit. Während ich mit selbst angemachtem Zement bei der Erstellung der Stützmauer half und wie ein Maurerlehrling in erdverkrusteten Arbeitshosen die losen Steine zusammenpflasterte, machte ich die Entdeckung, dass ich meinem Mann in dieser Aufmachung mindestens ebenso gut gefiel wie neulich bei einem Theaterbesuch im raffinierten Cocktailkleid. Im Spätherbst wurde alles fertig. Die Wiese war wieder eben und grün, die Mauer erstellt, auf der künstlichen Böschung spross Rasen, die Plattform – hart geworden – war mit Gartenkies bedeckt. Alle, die uns besuchten, waren begeistert. Nur mein Mann wurde immer unruhiger. Er spähte hier- und dorthin und überlegte, wo eventuell noch etwas zu verbessern oder zu verändern wäre. Es kam der Winter, und unser Weekendhaus blieb lange Zeit verlassen. Als wir im Frühjahr wiederkamen, war ein Teil der Mauer heruntergerutscht. Ich dankte dem Himmel, dass mein Mann den Sommer über damit beschäftigt war, sie neu, stärker und größer wieder aufzubauen; denn

wer weiß, auf welche Gedanken er sonst gekommen wäre! Möglicherweise wird er im nächsten Sommer Blumenbeete umgraben, wo heute Gartenkies liegt, oder den Zwetschgenbaum einen Meter neben den jetzigen Standort verpflanzen. Vielleicht wird er auch damit beginnen, auf der flachen Wiese einen Wald aufzuforsten oder auch ein Loch für ein Schwimmbassin auszuheben – trotz Badegelegenheit im Fluss. Es gibt noch ungezählte Möglichkeiten. Vorsichtshalber werde ich mich hüten, ihm alle zu verraten. R.H.

Erschienen in der Zeitschrift **In freien Stunden** am 23. April 1966

Meine Tochter spielt Klavier

Es gehört heute sozusagen zum guten Ton und zur Erziehung unserer Kinder, dass wir ihnen Musikunterricht ermöglichen. Blockflötenspielen ist ein fakultatives Schulfach, und hat ein Abc-Schütze den Schulanfang hinter sich, hört man mit den ersten Buchstaben auch schon bald die ersten Töne. Zu meiner Zeit war Musikunterricht ein Luxus, denn meine Kinderzeit fiel in die Kriegsjahre. Es galt als etwas ganz Spezielles, wenn Nachbars Lotti an einem Mittwochnachmittag in die «Stunde» ging. Ich hegte als Kind stets den großen unerfüllten Herzenswunsch, ein Klavier zu besitzen, und manchmal stand im Traum eines an der Wand unserer Wohnstube.

Zwar habe ich in einer psychologischen Schrift gelesen, man solle die eigenen unerfüllten Wünsche seiner Kindheit nicht auf seine Kinder projizieren, doch wer kann es mir verargen, dass ich trotzdem annahm, auch meine Tochter müsse vom selben heißen Begehren, Klavierspielen zu lernen, erfasst sein wie ich einst? Wir haben zwar das Klavier nicht ihretwegen angeschafft, denn mein Mann hatte mir bei der Heirat meinen Herzenswunsch erfüllt. So gehörte es seit jeher zu ihrem Zimmer wie ein Stuhl zu einem Tisch, und etwas, das man immer hatte, ist ja bekanntlich nichts Besonderes mehr. Ihr Interesse war zwar wach, als ihr nach dem dritten Schuljahr erlaubt wurde, Unterricht zu nehmen, war es doch immerhin nach dem ziemlich eintönigen Liedergeflöte etwas Neues.

In der Folge nahm ich ihr Üben der langweiligen ersten Stücke und Etüden, die ich selber zuvor geübt hatte, in Kauf, wobei ich es, nebenbei bemerkt, nicht sehr weit gebracht habe, denn meine Sehnsucht war zehnmal größer als mein Talent. Umso mehr gab ich mich der trügerischen Vorfreude hin, meine Tochter werde einmal Beethovens Sonaten spielen können – ich selbst hatte bereits bei seinem Albumblatt «Für Elise» aufgegeben.

Sie übte zuerst ganz wacker, solange der Reiz des Neuen noch anhielt. Obwohl sie mit zäher Beharrlichkeit meistens *f* spielte, wenn *fis* vorgeschrieben war, sonnte ich mich in der Genugtuung, mein Kind vor dem Klavier sitzen zu sehen, war doch die Tatsache einer klavierspielenden, die Notenmappe in die «Stunde» tragenden Musikschülerin für mich seit meiner Kindheit irgendwie verbunden mit dem Begriff «wohlanständige Bürgerlichkeit» und «gehobener Stand», dem damals, als konjunkturbedingter Wohlstand eine Illusion war, noch ein gewisser Nimbus anhaftete.

So knapp nach einem Jahr jedoch nahm ich den ersten leisen Widerwillen wahr, als sich ihre Mundwinkel beim täglichen Üben mehr und mehr nach unten senkten und überhaupt ihre ganze Miene das ausdrückte, was man einen «Lätsch» nennt.

Auch entwickelte sie eine überwältigende Technik, über schwierigere, ihr nicht geläufige Stellen hastig hinwegzugehen oder diese nur immer einmal ganz langsam zu spielen oder überhaupt wegzulassen, während sie leichtere Passagen, die sie längst im Griff hatte, unzählige Male immer schneller wiederholte. Das Ergebnis war ein fürchterliches Durcheinander der Tempi. Ich fand es schließlich an der Zeit, einzugreifen, stellte mich hinter den Klavierstuhl und passte auf, dass sie schwierige Stellen fünf bis zehn Mal hintereinander übte, damit sie diese beim Durchspielen des Stückes ebenfalls im vorgeschriebenen Tempo würde durchhalten können. Es folgten jedesmal laute Protestrufe, wenn ich ihr streng gebot, nochmals zu wiederholen. Es war einigermaßen zermürbend, doch ließ ich nicht locker, und so artete die tägliche halbe Stunde mehr und mehr in einen verbissenen Kampf aus. Da griff ich zu einem andern Mittel. Ich spielte ihr mittels Tonband Stücke wie die *Pathétique* oder die *Ungarische Rhapsodie Nr. 2* ab, um ihre erloschene Begeisterung neu zu entfachen, und ich muss schon sagen, dass sie mit ihren elf Jahren den Wert solcher Werke ganz ordentlich erfasste, was sie mit den Worten «höllisch toll» kundtat. In ehrlicher Selbsterkenntnis fügte sie dann hinzu, dass sie «nie im Leben» imstande sein würde, solche Stücke zu spielen und verlor den Mut noch mehr. Ich machte meine Autorität geltend und befahl ihr, täglich fünfundvierzig Minuten statt der üblichen halben Stunde zu üben, worauf meine Tochter die Tasten aufs Erbärmlichste malträtierte. Nach genau dreißig Minuten klappte sie den Deckel mitten im Stück zu.

«Noch eine Viertelstunde!», schrie ich aufgebracht.

«Erst ab morgen!», schrie sie nicht minder wütend zurück. Von nun an wurde es erst recht ungemütlich, um nicht zu sagen nervenaufreibend. Ich blieb täglich mit angespanntem Gesicht wie angewachsen fünfundvierzig Minuten hinter ihr stehen, um ihr Üben zu überwachen. Sie versuchte mit allerlei Tricks, mich mürbe zu machen. So erklärte sie mir zum Beispiel eines Tages, sie müsse mit den Pedalen üben, Fräulein Moser habe es gesagt. Dann klemmte sie das rechte Pedal ohne Unterbruch unter die Füße, so dass die Töne sich in schauderhaftem Durcheinander ineinandermischten. Weiter behauptete sie stur, sie müsse auch die Tonleitern mit Pedal üben und brachte dabei die markdurchdringendsten Disharmonien zustande. Man stelle sich vor, wie ich scheltend, drohend, händeringend oder gütig zuredend, weise Vorträge über den unerhörten Wert von Musikstunden haltend, dabeistand und versuchte, Ordnung in das Chaos zu bringen. Was es mich an Nerven kostete! Als diese Phase offener Rebellion vorbei war, war auch die lang gehegte Vorstellung, meine Tochter werde mich dereinst mit perlendem Klavierspiel entzücken, versunken; das in meiner Fantasie lange Zeit fest verankerte Bild eines jungen Mädchens, selbstvergessen die *Mondscheinsonate* spielend, verblasste und machte zaghaft gesundem Menschenverstand Platz. Meine Tochter gab es zwar – Sieg meiner (fragwürdigen) Konsequenz – allmählich auf, mich mit ihrer musikalischen Erfindungsgabe zum Siedepunkt zu treiben und resignierte. Sie spielte ihre Etüden und Sonatinen, wie sie eben jemand spielt, dem nichts anderes übrig bleibt, wenn auch dank regelmäßigen Übens nicht ganz so schlecht. Ihre Miene ließ jedoch nie den geringsten Zweifel aufkommen, dass es auf der ganzen weiten Welt nichts Öderes gebe, als sich an ein

Klavier zu setzen. Ich konnte nichts dafür, ihre stille Resignation war mir unheimlicher als ihr offener Widerstand. Ich atmete deshalb beinahe auf, als sie an Weihnachten die Begleitung zu «Stille Nacht, heilige Nacht» wie einen rassigen Soldatenmarsch herunterdrosch, so dass wir kaum mit Singen nachkamen. Auch ihre eingeübte Weihnachtsstudie klang eher nach einem Fanfarenklang, und sogar unsere rührselige Tante Hedi schwieg einigermaßen verdutzt, anstatt Lob zu spenden. Ich aber ertappte mich dabei, dass ich auf den Stockzähnen lachte, und da wusste ich, dass sie gewonnen hatte. Bevor der Unterricht im neuen Jahr wieder begann, erklärte ich ihr eines Tages, als sie brav und gelangweilt eine Czerny-Etüde übte, sie brauche niemals wieder eine Taste zu berühren, wenn sie nicht wolle. Sie starrte mich so ungläubig an, als hätte ich ihr eröffnet, wir würden demnächst auf den Mond fliegen. Natürlich konnte ich es nicht lassen, die gute Gelegenheit, die sie jetzt unwiderruflich versäume und ihre spätere Reue darüber ins Feld zu führen, doch sie war meinen Ausführungen gegenüber taub und klappte den Deckel mit schwungvoller Begeisterung endgültig zu, ohne sich auch nur für den Bruchteil einer Sekunde zu überlegen, ob sie nicht doch aus freiem Willen fortfahren wolle, wie ich es ihr vorgeschlagen hatte. Seither steht das Klavier verlassen an der Wand, nur alle paar Wochen ertönt unter meinen steifen Fingern kläglich mein Bravourstück «Für Elise», womit ich meinerseits das beglückende Tun in musikalischer Hinsicht abrupt abgebrochen hatte.

Ich überlasse es jetzt andern Müttern, mehr oder weniger große Hoffnungen auf die in naher, ferner oder überhaupt keiner Zukunft liegenden Interpretationskünste ihrer Söhne und Töchter zu hegen. Gestern zum Beispiel, als ich vor dem Haus Teppiche klopfte, schaute Evelis Mutter mit vielsagender Miene aus dem obersten Stock hinunter, während aus dem geöffneten Fenster zaghaft c-d-e e-d-c ertönte. «Hören Sie», verkündete sie mir freudestrahlend. «Eveli spielt Klavier, sie war heute zum erstenmal in der Stunde, und den *Kotelettwalzer* kann sie schon lange auswendig. Gleichsam als letzten Rest meiner soeben überwundenen Schwäche fühlte ich einen leisen Stich von Neid angesichts ihrer unverhohlenen Freude. Seither höre ich mir wiederum die verflixten Anfangsübungen mit an, welche unter Evelis eifrigem, aber oft falschem Anschlag durch die dünnen Wände unseres Mietshauses dringen. R.H.

Erschienen in der Zeitschrift **Die FRAU** am 31. Oktober 1969

Schlaflosigkeit

Letzthin diskutierten wir im Freundeskreis über das Übel der Schlaflosigkeit, und ich war ziemlich erleichtert, dabei festzustellen, dass sich auch andernorts hinter geschlossenen Läden gewisse Unruhen abspielen. Schon oft gedachte ich nämlich etwas neidisch meiner schlafenden Mitmenschen und kam mir dabei so überaus einmalig vor, wenn bei uns zu tiefer nächtlicher Stunde Hochbetrieb herrschte.

Zwar gehöre ich von Natur aus zu den Tagmenschen, das heißt, ich entlade meine Energien während des Tages und werde spätestens um 22 Uhr so wohlig müde, kurz, die Augen fallen mir zu. Um diese Zeit aber verspürt mein lieber Mann noch nicht das leiseste Anzeichen der geringsten Müdigkeit. Es ist dies die Stunde, in der er sich mit mir über den geschäftlichen Lauf des Tages, über die weltpolitische Lage, über die neuesten Nachrichten aus aller Welt unterhalten möchte wie zum Beispiel über die Forschungsergebnisse betreffend Schädlichkeit des Zigarettenrauchens oder über die Direktbesteigung der Eigernordwand. Warum er diese Probleme stets zu solch vorgerückter Stunde mit mir zu besprechen wünscht, ist mir rätselhaft, doch von seinem Standpunkt aus fängt der Feierabend um 22 Uhr erst an.

Da ich aus Briefkastenspalten in Zeitungen und Zeitschriften genügend bittere Klagen über die stummen Ehemänner kenne, gebe ich mir Mühe, dankbar zu sein, wenn ich mit immer mehr herabfallenden Augendeckeln seinen Ausführungen folge. Wenn er nicht gerade über Fußballsport deklamiert oder unter sämtlichen einstigen Größen dieser Sportart einen kommenden Trainer für unsere Nationalmannschaft sucht, das Für und Wider in langwierigen Erklärungen abwägend, so folge ich jeweils nach Überwindung des mich anfallenden

Schlafes sogar sehr interessiert seinen Gesprächsthemen und finde mich nicht selten in angeregten Diskussionen.
So gegen 24 Uhr beginne ich dann zu fühlen, dass ich dem zweiten Anfall von Schlafbedürfnis kaum mehr gewachsen sein dürfte und ziehe mich deshalb zurück. Auch mein Mann lässt sich manchmal dazu herab, schon ins Bett zu gehen, aber oft verspürt er gerade um Mitternacht eine starke Sehnsucht nach Schlagermusik. Da solche von den ausländischen Stationen auch nachts durch den Äther gesendet wird, ist es eine Kleinigkeit, in deren Genuss zu kommen, wenn man einen Radioapparat besitzt. Leider ist dieser im Schlafzimmer installiert. Zuerst machte ich es mir zur Gewohnheit, meinem Liebsten bei seiner Schlaflosigkeit Gesellschaft zu leisten, obwohl ich für Schlager gar nichts übrig hatte.

Ich musste aber feststellen, dass ich als Folge des nächtlichen Mitwachens anderntags einer gereizten Stimmung unterlag, und auch meine Energien erlahmten tagsüber beträchtlich.
So flüchte ich jetzt des öfteren ins Gästezimmer hinüber, was er mir gar nicht übel nimmt. Manchmal erwache ich später wieder, denn ich muss es wohl im Unterbewusstsein spüren, dass der Schlaf ihn immer noch flieht.
Es gehört zu meinen Eigenschaften, dass ich sofort hellwach bin, und so nehme ich sogleich den verräterischen Duft wahr, der durchs Schlüsselloch und durch die Ritzen der Türe dringt. Früher stürzte ich wie eine Verrückte in die Küche und traute meinen Augen kaum, wenn ich Suppe auf dem Herd brodeln sah, Eier ins heiße Fett zischen hörte oder ihn eben das Fleisch verzehren sah, das ich für das nächste Mittagessen bestimmt hatte.

Heute habe ich mich daran gewöhnt, dass er des Nachts den Kühlschrank durchstöbert und sich ein Essen zusammenbraut, obwohl Kochen nicht einmal sein Hobby ist; zu normalen Tageszeiten bleibt er der Küche stets fern. Meistens drehe ich mich einfach auf die andere Seite; verspüre ich jedoch selbst Hunger, stehe ich auf und esse mit. Hin und wieder findet er, ein Glas Wein wäre jetzt gut dazu, steigt nachts um halb drei Uhr in den Keller, und wir soupieren zusammen, er im Pyjama, ich im Morgenrock. Danach kommt meistens auch seine Stunde, wenn nicht gerade Vollmond ist, denn in diesem Fall ist es schon vorgekommen, dass er mich noch zu einem gemeinsamen Drei-Uhr-Morgen-Spaziergang ermunterte. Sollte jedoch inzwischen der Schlaf bei ihm angepocht haben, schluckt er den letzten Bissen Spiegelei hastig hinunter, strebt nach dem Bett, legt sich hinein und schläft. Bald schleiche ich auch wieder ins Bett, in mein eigenes diesmal, an seiner Seite. Das hat den Nachteil, dass ich anderntags für zwei Personen drei Betten machen muss, nebst denen der Kinder. Mein Töchterchen hat mich schon oft gefragt, ob diese Nacht jemand bei uns geschlafen habe.

Wenn ich Glück habe, kann ich nach der nächtlichen Zwischenverpflegung auch bald wieder schlafen, wenn nicht, warte ich eben, liege ruhig da. Ich kann mir aber mit dem besten Willen nicht vorstellen, dass ich eine solche Geschäftigkeit entwickeln würde wie mein Liebster. Ich bin nachts zu phlegmatisch dazu, auch wenn ich hellwach bin. Da ich im Allgemeinen nur notgedrungen unter Schlaflosigkeit leide, macht mich ihre Erscheinung nicht nervös, denn ich weiß ja, es ist gegen meine eigentliche Natur. Ich knipse auch nicht dauernd das Licht an und lösche es wieder aus. Eine allgemeingültige Regel, wie man dem Übel der Schlaflosigkeit begegnen soll, gibt es wohl nicht, wie nirgends, wenn es sich um Probleme des Menschen handelt. Der eine begegnet ihr mit Lesen, mit Schreiben, der andere mit Gedanken, mit Erinnerungen, der dritte mit Kochen, der vierte greift zu Pillen, und mancher versucht eins nach dem andern. Die einen werden wütend und nervös, die andern üben sich in Geduld und fügen sich ergeben in ihr Los. Den einen hilft ein harmloser Kräutertee, den andern nicht einmal ein starkes Schlafmittel. Ein gewisser Trost mag in dem Gedanken liegen, dass wir kein Einzelfall sind. Zur selben Stunde, in der wir den Schlaf herbeisehnen, wachen Ungezählte mit uns und versuchen, jeder auf seine Weise, je nach Temperament und Veranlagung, dem Übel beizukommen.

R. H.

Erschienen in der Zeitschrift **Die FRAU,** 1971

Haushaltfreuden und -ängste

Ohne meine Freundin ein paar Straßen weiter oben würde mein Alltagsleben viel einbüßen. Die Tatsache, dass sie ein paar Straßen weiter oben wohnt, lässt mich den Staubsauger flinker führen, das Geschirr besser gelaunt spülen, die Möbel freudiger abstauben.
Ich verrichte meine hausfraulichen Pflichten mit mehr Tempo, wenn ich schon einmal dazukomme, sie zu erfüllen, denn ich weiß: Ein paar Straßen weiter oben wohnt meine Freundin Yvette und greift vielleicht eben jetzt zum Telefon. Nach einer halben Stunde intensiven Schaltens und Waltens klingelt es tatsächlich. Ich begrüße Yvette am andern Drahtende mit einem freudigen «Sale», einem Gruß, der in keiner vernünftigen Sprache existiert, und lade sie, froh über die Unterbrechung der mir – es muss gesagt sein – lästigen Hausarbeiten, zu einem Kaffee ein. Yvettes obligatorische Einwände folgen wie erwartet:
«Ich sollte eigentlich noch flicken, die Tischplatte polieren, das Badezimmer fegen, die Bücher entstauben, die Küchenfenster putzen, die Vorhänge waschen…»
«Yvette», unterbreche ich entschlossen diese nicht enden wollende enorme Pflichtenreihe – so viel auf einmal nimmt man sich doch nicht vor, das kannst du ohnehin heute nicht mehr bewältigen.»
«Aber ich sollte», stöhnt Yvette. «Jetzt habe ich das alles wochenlang kolossal vernachlässigt!»
«Auf einen Tag mehr oder weniger kommt es auch nicht mehr an», fahre ich ungerührt fort, weil ich weiß, dass Yvette genau das hören will, denn unsere nicht gerade überschwängliche Begeisterung für Hausarbeiten ist einer der Berührungspunkte unserer über Jahre hinweg dauernden Freundschaft.
«Also gut…», sagt Yvette erleichtert, «ich komme, aber nur auf eine Zigarettenlänge.»

Aus der Zigarettenlänge werden zwei Stunden und ein ganzes Zimmer voller Rauch. Yvette und ich streifen einige aktuelle Themen und landen schließlich beim unvermeidlichen Thema. Mit schlechtem Gewissen unterhalten wir uns darüber, wie viel wir nun wieder versäumt hätten. Wir streben immer wieder danach, gute Hausfrauen zu sein und können das am besten, wenn wir stundenlang im Fauteuil über unsere Unzulänglichkeiten sprechen:
«Ich habe heute erst um elf Uhr die Betten gemacht», klagt Yvette. «Die Wäsche zum Bügeln steht schon eine Woche herum, und mich dazu aufraffen, den Keller zu räumen, kann ich auch nicht.»
«Du spielst dafür so unerhört gut Klavier», tröste ich sie, «sieh mich doch an, ich sollte schon seit Monaten den Backofen gründlich putzen, und im Kastenfuß stapeln sich ungeflickte Socken.»
«Aber du bist vormittags berufstätig», wendet Yvette resigniert ein. «Du bist entschuldigt.»
«Ach...», sage ich bekümmert, «ein Grund mehr, um wenigstens am Nachmittag den Haushalt zu besorgen, anstatt mit dir zu quatschen, aber wenn du mich nicht angerufen hättest, hätte ich es getan oder wäre eben auf eine Zigarettenlänge zu dir gekommen, wie schon oft.»
Aber Yvette gibt die Rolle der versagenden Hausfrau noch nicht auf. «Ich habe schon drei Jahre lang die Wäsche nicht mehr gesonnt», gesteht sie, als stünde sie vor dem Staatsanwalt.
«Es ist jetzt Winter, Yvette, und die Amerikaner sonnen überhaupt nie.»
«Du musst mich anspornen, nicht entschuldigen», sagt Yvette und starrt geschlagen vor sich hin. Dann fährt sie fort, sich anzuklagen: «Das Schlimmste ist, dass ich so gerne schlafe. Wenn ich mich am späten Vormittag dazu aufraffe, aufzustehen, bin ich gleich so entmutigt ob der vielen zu erledigenden Arbeit, dass ich mich zuerst ausgiebig bei Kaffee, Zeitung lesen, Kreuzworträtsel lösen und so weiter erholen muss, um den Tag in Angriff nehmen zu können. Meistens esse ich dazu auch zu viel», fährt sie traurig fort. «Da Mann und Kin-

der über Mittag nicht nach Hause kommen, schneide ich mir einfach ein Stück Brot nach dem andern ab, bestreiche es dick mit Butter und Konfitüre oder Käse und esse, bis ich beinahe platze. Dann habe ich meistens noch Lust auf etwas Süßes und reiße ein Paket Biskuits auf. Deshalb ist mir auch alles zu eng geworden.»
«Es ist nicht so schlimm, Yvette, du machst ja zwischenhinein auch Fastenkuren und knabberst dann drei Wochen lang nur Knäckebrot und trinkst Orangensaft. Abends kochst du für deine Familie ein wunderbares Essen, und du selbst löffelst nur ein weiches Ei und zerkaust einige mit Zitronensaft beträufelte Salatblätter. Deine Selbstzucht bewundere ich ausserordentlich.»
Doch sie winkt müde ab: «Um das fertigzubringen, muss ich unzählige Anläufe nehmen, bis es endlich klappt. Das ist eben das Schlimme bei mir, ich falle von einem Extrem ins andere.»
«Das ist nicht das Schlimme, sondern das Liebenswerte an dir», sage ich aus voller Überzeugung. «Menschen, die nach einem Schema leben – am Montag waschen, am Dienstag bügeln, am Mittwoch flicken, am Donnerstag Silber putzen, am Freitag Teppiche klopfen, sich am Samstag auf den Ehemann besinnen und am Sonntag den obligaten Braten brutzeln –, sind fantasielos und langweilig. Da bleibt kein Raum für Spontaneität, wenn du immer auf der Hut sein musst, das geheiligte Programm nicht zu stören. Bei dir aber…», schloss ich, «fühlt sich jeder wohl, daran vermögen auch trübe Fensterscheiben und Papierschnitzel auf dem Teppich nichts zu ändern.»

Ich habe Yvette wirklich gern, und ganz so schlimm, wie sie es darstellt, ist es in Wirklichkeit nicht. So gegen 17 Uhr rast sie regelmäßig nach Hause, schuftet, bis sie ganz aufgelöst ist, reibt ihr Badezimmer blank, flitzt mit dem Flaumer unter die Möbel, reibt die Türen feucht ab, dass es nur so eine Art hat und kocht für ihre Familie ein ausgezeichnetes Abendessen. Sie tut alles in kürzester Zeit, während andere Frauen den ganzen Tag damit vertrödeln. In ihrem Heim verkehren immer wahnsinnig interessante Leute: Musiker, Geschichtslehrer, ehemalige Priester, Geigenbauerinnen, Psychiater und Redaktoren. Yvette sammelt diese Größen nicht etwa wie seltene Exemplare. Dieser Kreis um sie ist ganz zufällig entstanden. Sie denkt kaum je daran, an welchem Platz einer in der Welt steht. Durch ihre spontane und impulsive Art zieht sie die Menschen an, und sie verweilen gerne bei ihr. Sie versteht zu improvisieren, interessiert sich für alles, sogar für das Alltagsleben der Westkameruner, als sei das die spannendste Sache, von der sie je gehört hat. Zuhören, intelligente und auch kritische Fragen stellen, ist ihre Stärke. Und mich lässt sie auch teilhaben. Ich fehle in Yvettes Kreis und sie in meinem selten. Gegenseitig helfen wir uns aus, wenn sich Gäste anmelden.

Manchmal habe ich zu wenig Geschirr oder sie zu wenig Stühle. Dann transportieren wir unter Ächzen zum staunenden Ergötzen der Anwohner Sitzgelegenheiten, Kaffeekannen, Suppenschüsseln durch das Quartier, oder auch schon eine Ständerlampe, als meine nicht funktionierte. Letzthin half mir Yvette mit sicherem Instinkt aus der Verlegenheit. Ich hatte nämlich keine Blumenvase mehr, die letzte war kürzlich bei einem meiner seltenen Aufräumungsanfälle in die Brüche gegangen. So wusste ich mit dem besten Willen nicht, wohin mit den mir überreichten Blumen. Findig wie Yvette ist, schnitt sie kurzerhand von einer leeren Plastik-Ölflasche den Hals ab, und wie durch Zauberei stand ein Kelch vor mir, bereit, die Blumen aufzunehmen. Ich war so entzückt darüber, dass ich alle Anwesenden noch besonders auf diese Originalität aufmerksam machte und diese neue Errungenschaft nicht etwa verschämt in eine Ecke stellte.

Dass alle immer wieder gerne zu uns kommen, wundert uns eigentlich ein bisschen, wenn wir an die größeren und kleineren Pannen denken, die da manchmal passieren, wie damals, als ich den Pudding etwas zu schwungvoll auf den Tisch stellte vor Freude darüber, dass er so steif, kalt und schön verziert auf der Platte lag. Da schwabbte er zu meinem Entsetzen übermütig aus dem Teller auf das Tischtuch. Aber alle schmunzelten bloß, und jemand hatte die Idee, ihn wie die Kappeler Milchsuppe zu essen.

Auch schon ist Yvette in ihrer temperamentvollen Art derart in das – zugegeben etwas ungeschickt platzierte – elektrische Kabel hineingeraten, dass sie eine Tischlampe mit lautem Knall umwarf und damit einen Kurzschluss verursachte. Im Gewirr von Schnüren, Scheren, Schrauben, Zündholzschachteln und Lockenwicklern suchten wir bei Kerzenlicht in einer Schublade verzweifelt nach einer neuen Sicherung, während die andern ihre Gespräche im Dunkeln fortsetzten. Wir schworen uns dabei gegenseitig, dass die Schubladen das erste Angriffsziel bei der Neuorganisierung unserer Haushalte sein sollten.

Wir sind soweit ja ganz zufrieden, aber in einem kleinen Winkel unserer Herzen verbirgt sich doch unablässig ein gewisser Neid auf all die Perfekten, Unentwegten, Programmierten bis ins Detail Organisierten, die ihre Sicherungen mit einem einzigen Griff hervorholen können und bei denen es undenkbar wäre, einen Kurzschluss zu verursachen, da sie ihre Kabel fein säuberlich an die Wand heften oder unter der Fußleiste verstecken. Wenn wir dann in Yvettes oder meinem Wohnzimmer oder bei schönem Wetter im Garten am Nachmittag zusammensitzen und unsere Selbstvorwürfe den absoluten Tiefpunkt erreicht haben, malen wir uns aus, wie es wäre, wenn alles, aber auch wirklich alles, erledigt wäre, und wir nicht mehr mit schlechtem Gewissen, sondern mit gutem, nicht mehr neben einer Wäschezaine, die schon 14 Tage lang mit dürrer Wäsche herumsteht, Beethovens viertes Klavierkonzert hören, sondern in der Gewissheit, dass alles wohlversorgt in vorbildlich aufgeräumten Schränken liegt; dass wir nicht mehr inmitten eines Durcheinanders unsere Gedanken zu Papier bringen, sondern umgeben von blitzblanken Möbeln ohne Staubschicht.

Dieses Ziel verfolgen wir – und es ist uns dabei bitter ernst – seit Jahren, ohne ihm, einige Zwischenphasen ausgenommen, je näher zu kommen. Langsam machen wir uns Gedanken, ob dieses stets nagende Schuldbewusstsein nicht eines Tages größeren Schaden in unserm inneren Gefüge anrichten könnte.

«Ist Herr Sowieso nicht Psychiater?», fragt Yvette düster. «Wir müssen ihn das nächste Mal unbedingt fragen, wenn er auftaucht.»
Ärgerlich blickt sie auf die Uhr. «Es ist bald 17 Uhr, ich muss gehen. Hast du übrigens deine Schubladen aufgeräumt?»
«Zwei von sieben», antworte ich kleinlaut. «Aber es ist immerhin ein Anfang.» R.H.

Erschienen in der Zeitschrift **Die FRAU**, 28. April 1972

Ski heil

Es begann bereits am frühen Morgen mit vehementer Turbulenz und dies, obwohl ich das Taxi vorsorglicherweise bereits am Abend vorher auf 6.45 Uhr bestellt hatte. Der Zug fuhr 7.06 ab Bahnhof Enge. Ich muss noch vorausschicken, dass mein Gatte bereits vorausgefahren war und uns in A. erwartete (sonst hätte dies alles natürlich nicht passieren können). Punkt 6.45 Uhr schloss ich die Wohnungstüre ab und ging mit beiden Kindern in Erwartung des Taxis auf die Straße hinunter. Es war aber weit und breit keines zu sehen, nur meine Nachbarin, die als Krankenschwester tätig ist, verließ sonntags ebenso zeitig das Haus und startete gerade ihren Wagen. Es lag mir auf der Zunge, sie zu bitten, uns mitzunehmen, doch stellte ich mit einem Blick auf die Uhr fest, dass unser Taxi erst eine Minute Verspätung hatte. So unterließ ich die Bitte, und das Auto der Nachbarin verschwand um die Ecke. Ich sah ihm sehnsüchtig nach.
Nach weiteren zwei Minuten mit steigender Nervosität eilte ich in die Wohnung zurück, um zu telefonieren. Man gab mir freundlich Bescheid, man werde gewiss sogleich kommen. Zuversichtlich ging ich wieder nach unten in der Hoffnung, das Taxi werde im nächsten Augenblick um die Ecke biegen, aber es bog nicht, und der Zeiger rückte plötzlich bedenklich gegen sieben Uhr. Ich lief wie eine Verrückte vor dem Haus auf und ab, die Kinder im Laufschritt neben mir her.

Mein Mann würde mich bestimmt mit diesem Zug in A. erwarten, und abends mussten wir wieder zurück. Schließlich raste ich wiederum die Treppen hinauf in die Wohnung und knallte den Hörer von der Gabel, dass es nur so eine Art hatte. Ich schrie in die Muschel, dass ich nun endgültig den Zug versäumen würde und dass ich verlange, man müsse mich gratis und franko per Taxi an den Bestim-

mungsort in die Berge bringen. Man versicherte mir wiederum, dass der Fahrer nun ganz bestimmt nur noch einen halben Kilometer vom Haus entfernt sei.
Wütend donnerte ich mit den Skischuhen das Treppenhaus wieder hinunter, aber es nützte nichts. Es vergingen nochmals fünf Minuten, bis das Taxi kam. Resigniert hatte ich mich inzwischen an den Straßenrand gesetzt, die Kinder neben mich. Es schlug eben sieben Uhr, als wir einstiegen. Den Chauffeur traf natürlich keine Schuld, die Organisation hatte versagt, aber ich war derart durchgedreht, dass ich ihn trotzdem anschnauzte. Wir rasten vor den Bahnhof Enge, wo ich ohne zu bezahlen davonstürzte, die Kinder hinter mir her. Glücklicherweise hatten wir die Skier schon aufgegeben, als mein Mann reiste. Der Zug stand schon dort.

Die Billette würde ich im Zug lösen und dem Taxiunternehmen den Mehrpreis verrechnen, das hatte ich dem Chauffeur klipp und klar gesagt. Ich stob mit den Kindern die Treppe hinunter, die von der Brücke aus zum Bahnhof führte, und hastig stürzten wir uns in den Zug, der Taxichauffeur immer hinterher. Er war sehr höflich und anerbot sich, mir die Billette am Schalter noch zu besorgen.
«Meinetwegen, aber ich gebe Ihnen das Geld erst, wenn Sie die Billette bringen, sonst fährt der Zug womöglich unterdessen noch ab.»
Ich glaube, ich war recht eklig zu dem armen Jungen.
«Ich werde einen Beamten fragen, ob man so lange warten kann», sagte er in vollem Ernst und trieb einen solchen drei Wagen weiter hinten auf dem Perron tatsächlich auf, wo er sogleich auf ihn einzureden begann.
Dienstbeflissen war er. Und bemüht, den Fehler wieder gutzumachen, das musste man ihm lassen.
«Wo ist denn die Dame?», rief der Beamte plötzlich dröhnend. «Dieser Zug fährt nicht nach Chur, sondern nach Luzern, der nach Chur ist schon abgefahren, schnell, schnell!»

Ich trieb in wilder Hast die beiden Kinder wieder hinaus, vergaß noch den Rucksack, rannte nochmals in den Wagen zurück, und kaum hatte ich den Fuß vom Trittbrett genommen, klatschte die Türe zu, und der Zug fuhr hinter mir davon. Die auf dem Perron wartenden Reisenden starrten allgemein belustigt auf mich aufgelöste Person.

Man steigt doch nicht einfach in den erstbesten Zug», brummte der Bahnbeamte kopfschüttelnd. Erst jetzt blickte ich auf die Uhr und sah zu meinem Entsetzen, dass es schon zwölf Minuten nach sieben war. Doch auch Bahnbeamte haben ein Herz. Dieser sah mich mitleidig an und eröffnete mir, in zehn Minuten werde der Schnellzug von München hier halten, an welchem ein direkter Wagen nach Chur angehängt sei und womit ich den Anschluss nach A. noch rechtzeitig erreichen werde. Kaum je habe ich eine Nachricht mit größerer Erleichterung vernommen. Ich konnte nun noch in Ruhe die Billette lösen und dem Taxichauffeur das Fahrgeld bezahlen, wobei mich ein großzügiges Trinkgeld nicht reute, denn ohne ihn wären wir ja schließlich nach Luzern gefahren.

Das also war der Auftakt zum Skisonntag, was mich eigentlich hätte warnen sollen. Doch fuhr ich nichts ahnend den Bergen entgegen.

Es ist allmählich an der Zeit, dass ich einiges über meine skifahrerischen (Un-)Fähigkeiten verrate. Zwar kann ich schon fahren, seit ich sieben Jahre alt bin. Mein Papa lehrte es mich seinerzeit auf bodenständige Art nach altem Schrot und Korn mit Stemmbogen. Umgelernt habe ich nie, und sicherer bin ich im Laufe der Jahre auch nicht geworden auf den Brettern, die im Winter für alles, was einigermaßen «up to date» ist, die Welt bedeuten. Mir fehlte es in dieser Beziehung einfach am Ehrgeiz.

Als die Kinder klein waren, kam ich manchen Winter nicht dazu, und in den übrigen Wintern stand ich auch nie mehr als höchstens zwei Sonntage auf den Skiern. Die moderne Technik dieser Sportart grenzt für mich an ein Wunder, und deshalb sah ich den Skihasen auch diesmal wieder offenen Mundes nach, als sie grazil, elegant und mühelos in famosem Wedeln herniederglitten, einfach toll!

Mein Gatte, der immerhin um einiges besser fährt als ich, scnlug vor, es gleich mit dem großen Skilift zu versuchen. Nach einigen Metern fiel Simon, mein zehnjähriger Sohn, bereits vom Bügel und sah uns verdutzt nach. Ich rief ihm geistesgegenwärtig zu, er solle schleunigst aus der Bahn und einfach an den umliegenden Hängen üben, bis wir wieder kämen.
«Okay Boss», schrie Simon munter und trollte sich davon; er liest zurzeit jede Woche eine dieser schrecklich bebilderten Indianer-Broschüren.
Wir übrigen drei glitten nun ohne Zwischenfall dem Gipfel entgegen. Oben schwindelte mir ein bisschen, und ich blickte sehnsüchtig ins Tal. Doch dann ermannte ich mich standhaft, Skifahren sei schliesslich ein Vergnügen. Die Abfahrt begann rassig mit einer Steilfahrt in eine Mulde. Erst als es mich auf den Rücken warf, stellte ich fest, dass ich versäumt hatte, an der richtigen Stelle in die Knie zu gehen. Kopfschüttelnd, aber immerhin etwas besorgt zu mir hinunterblickend, stand mein Mann auf der andern Seite bereits wieder oben, und auch meine Tochter sauste eben schwungvoll mit einer eleganten Kniebeuge an mir vorbei, und es trug sie wie von selbst die Anhöhe wieder hinan. Ich rappelte mich mühsam hoch und griff verstohlen nach meinem Steißbein. Dieses hat es nämlich in sich, nach einem Sturz darauf noch wochenlang wehzutun.
Etwas vorsichtiger geworden, kam ich jetzt ganz gut weiter bis zur vereisten Waldschneise. Ich verabscheue diese schmalen, steilen Passagen, durch welche gewiegte Skihasen wie Pfeile schießen. Ich wartete, bis sich niemand mehr blicken ließ, stieß dann zögernd ab und begann sogleich krampfhaft zu stemmen. Meine Skier sind aber schon ältere Semester und an den Kanten abgeschliffen, so dass ich trotzdem in ziemliche Schussfahrt hineinkam auf der vereisten Spur. Auf jeden Fall trug es mich plötzlich über den Abhang hinaus, wo ich

kopfvoran das Gleichgewicht verlor, mich um mich selbst drehte und auf dem Rücken ein Stück weiter den Wald hinabrutschte, bis ich dann schließlich, die Beine nach oben, mit dem einen Ski an einem Baumstamm hängen blieb. Die Lage war sehr unbequem; ich schwebte mit dem Oberkörper im Freien und schielte einigermaßen besorgt nach rückwärts, ob sich unter mir etwa eine Felswand befinde. Gar so schlimm war es nun doch wieder nicht, denn etwa zwei Meter unter mir lag nur eine tiefe Schneemulde zwischen zwei mächtigen Baumwurzeln. Das Dumme war nur, dass ich mich nicht aus der verzwickten Lage befreien konnte, denn ich hing buchstäblich an einem Baum mit dem einen Bein; das andere lag irgendwie in einer unmöglichen Lage im Schnee.

Ioh vergewisserte mich, dass ich nirgends Sohmerz empfand. Nur das Steißbein surrte vom vorherigen Sturz. Weiter oben sah ich die großen Könner vorbeiflitzen, und ich bewunderte sie so sehr, dass ich ganz zu rufen vergaß. Bald nahte mir ohnehin Hilfe von Vater und Tochter. Sie tauchten plötzlich rufend oben auf, da sie mich wohl vermisst hatten.

«Da bin ich, kommt und löst mir den Ski vom Baum!»

«Um Gottes willen, das gleicht dir wieder», war alles, was mein Mann an Mitleid aufbrachte.

Die beiden wateten durch den tiefen Schnee den Wald hinunter, und mein Mann löste hastig den Ski, der mein Gewicht gehalten hatte. Plumps, versank ich zwei Meter unter ihnen im Schneeloch wie in Watte. Sie fragten nun doch schockiert, ob ich nicht verletzt sei, doch kaum hatte ich verneint, brachen sie in schallendes Gelächter aus. Besonders meine Tochter konnte sich kaum mehr erholen und gurgelte ein übers andere Mal, das sei jetzt doch s'Zähni, das sei noch viel glatter als der Charlie Chaplin letzthin am Fernsehen.

Etwas beleidigt über die Degradierung zum Familienclown, schulterte ich die Skier und stieg hinter meinem albern kichernden Teenager und dem auf meine Kosten Witze reißenden Gatten aufwärts.

Oben angekommen, machte ich jedoch keine Anstalten, die Skier wieder anzuschnallen.
«Fahrt ihr nur voraus, ich gehe hinunter», entschied ich und hörte förmlich die Stoßseufzer der Erleichterung, die beide im Stillen von sich gaben. So sah ich sie denn davonbrausen und stapfte verdrossen bergab. Als sich das Gelände wieder weitete, als ich sah, wie weit entfernt das Tal noch lag, als alles mit unerhört schmissigen Bogen mich überholte, wurde es mir doch zu dumm, mit geschulterten Skiern und, wie ich mir einbildete, zur allgemeinen Volksbelustigung, abwärts zu trotten und immer wieder tief einzusinken. Ich zog meine überaus langen, vom Gatten im letzten Sommer mit dunkelgrüner Farbe gestrichenen Skier wieder an.

Ich hatte mich bis jetzt immer geweigert, wenn mein Mann vorschlug, mir ein Paar neue Skier anzuschaffen, da ich jedoch nicht häufig fahre und da anderes und wieder anderes immer dringender war, doch jetzt ärgerte ich mich erstmals über meine Museumsstücke und machte ganz erbittert meine veralteten, langen, schweren, dunkelgrünen, rundgescheuerten, abgewetzten Skier für meine fehlende Technik verantwortlich. Kein Mensch fährt mehr mit solch vorsintflutlichen Dingern umher, damit soll meinetwegen ein Rhinozeros Ski fahren, aber mir soll das niemand mehr zumuten, haderte ich unlogischerweise.
So fuhr ich eben wieder los, aber nach kurzer Zeit löste sich die rechte Bindung; wahrscheinlich hatte ich sie in meiner Gewitterstimmung nicht richtig befestigt. Ich sah dem Ski ungläubig nach, als er im Tobel verschwand.
«Nur ruhig Blut», befahl ich mir. Ich werde einfach eine Geschichte darüber schreiben. Dieser Gedanke ermunterte mich so sehr, dass ich beschloss, den Ski im Tobel zu suchen, und ich hatte dabei unwahrscheinliches Glück. Der Abstieg durch den meterhohen Schnee war zwar furchtbar mühsam, aber ich fand den zerschundenen, ausgefransten Ski verhältnismäßig rasch neben spitzen Steinen

im vereisten Bachbett. Weshalb ich ihn unbedingt noch mitnehmen wollte, wusste ich selbst nicht, er sah erbärmlich aus. Nichtsdestotrotz zog ich ihn oben wieder an und fuhr mit Todesverachtung weiter, nachdem ich mich mit steifen Fingern vergewissert hatte, dass die Bindung diesmal festsaß. Da er nur an der äußeren Seite ausgefranst war, störte es mich beim Stemmen nicht. Ich fuhr einfach immer quer durch den Hang und machte am Ende wieder eine Spitzkehre. Inmitten all der Könner, die manchmal nach einer zünftig hingeschmissenen Wendung ungläubig über die Schulter zurückblickten, kam ich schließlich steifbeinig unten an. Schon von Weitem sah ich meinen Sohn Simon nach mir ausspähen. Kaum hatte er mich entdeckt, schrie er mit wahrem Indianergeheul: «Vorsicht, in Deckung, Leute!»

«Willst du wohl den Mund halten, du Schlingel!»

Ich war jedoch viel zu erleichtert, wieder unten zu sein, als dass ich mich über sein respektloses Gebahren länger aufgehalten hätte. In der guten alten Zeit sind zwar die Kinder vor Ehrfurcht vor den Eltern noch erstarrt, aber unsere Urgroßmütter wurden eben auch noch nicht auf die Skipisten geschleppt. Sie walteten noch züchtig in Haus und Hof.

Was ich jetzt brauchte, war eine Tasse starken heißen Kaffees. Aber bevor ich diesen endlich schlürfen durfte, musste ich noch des Langen und Breiten erklären, warum mein rechter Ski plötzlich eine Verzierung in Form von Holzfransen aufwies, was erneute Heiterkeitsausbrüche auslöste.

«Nun hast du aber ein Paar neue Skier redlich verdient», sagte mein Mann gönnerhaft, nachdem er sich erholt hatte.

«Diese hier kannst du meinetwegen hier ausstellen, die werden wir nicht mehr heimschleppen, die haben endgültig ausgedient mitsamt der altmodischen Bindung.» Sprachs, und steckte beide nebeneinander in den Schnee. Ich zweifelte zwar daran, dass der Verkehrsverein des Ortes von dieser Art Reklame erbaut sein würde, aber ich war zu erleichtert beim Gedanken, sie los zu sein, um zu protestieren. So

kam es, dass ich von diesem Skiausflug nur noch mit den Stöcken nach Hause kam.
Diese Saison mag ich mich nicht mehr auf die Piste wagen, weshalb man vereinbarte, ich werde auf nächste Weihnachten neue Skier erhalten. Gott sei Dank liegt noch ein Sommer dazwischen.

R.H.

Um 1967.

Unordnung

Diesmal hatte ich alles sorgfältig vorbereitet. Niemals mehr sollte es mir passieren, dass sich im letzten Augenblick, während die Gäste schon bei Tisch saßen, ein Griff von einem Messer löste und ich aufgeregt im Kastenfuß unter dem Flickkorb nach dem Etui suchen musste, in dem mein Töchterchen Gottis geschenktes Silberbesteck aufbewahrte, das es schon in etwa zwanzig Jahren vielleicht brauchen würde. Diesmal war alles hübsch vorbereitet, sogar der Korkenzieher lag neben der Weinflasche, den ich sonst jedesmal bereitzulegen vergessen hatte. Es war dann meine Gewohnheit gewesen, in der Küchentischschublade nach ihm zu wühlen zwischen vertrockneten Ostereierfarben, einem Gewirr von alten Schlüsseln und Bindfäden, zwischen Geburtstagskerzen und Reißnägeln, die angriffslustig mit der Spitze nach oben herumlagen, während meine Gäste mehr oder weniger geduldig aufs Anstoßen warteten. Eine kleine Aufregung gabs heute nur beim Anrichten der Pommes frites, denn das verflixte Salz stand nicht an seinem Platz. Im letzten Augenblick fand ich es im Kühlschrank. Der Abend verlief ohne Zwischenfall, bis jemand auf die Idee kam, ein Jässchen zum Abschluss wäre jetzt noch das Richtige. Lächelnd holte ich die Karten hervor, mir selbst gratulierend, dass ich sie mit einem einzigen zielbewussten Griff aus der Schublade des Schreibtisches ziehen konnte. Dann stellte sich heraus, dass eine Karte fehlte. Ein Durchsuchen der Schublade blieb erfolglos. Von ungefähr stürzte ich ins Kinderzimmer und riss die Spielzeugkommode auf. Durch Blechautos, Legoklötze, Bilderbücher, alte Farbstifte grub ich mich und fand auf dem Grund endlich die vermisste Karte.
«Sag mal», neckte mich mein Mann, als ich triumphierend zurückkehrte, «nächstens bewahrst du deine Strümpfe im Backofen auf und die Kartoffeln im Nachttischchen.»

«Wie wäre es mit dem Sonntagshut im Putzkasten und dem Besen im Klavier?», bemerkte mein Schwager augenzwinkernd.
«Ihr seid ekelhaft!», rief ich erbost. «Ob ihr es glaubt oder nicht, ich habe erst kürzlich überall aufgeräumt!»
Es entsprach der Wahrheit. Ich hasse Unordnung, doch kaum liegt alles an seinem Platz, kaum sind die Bindfäden entwirrt, Knäuel an Knäuel wieder in einer Schachtel – in einigen Tagen ist alles wieder beim Alten. Dinge werden unsichtbar oder kommen an höchst sonderbaren Orten wieder zum Vorschein. Ich führe einen ewigen Kampf gegen die Unordnung. Meine Hände sind besonders begabt dazu, dauernd Dinge zu verlegen oder an den falschen Platz zu stellen. Manchmal gebe ich mir einen Ruck und werfe alles weg, von dem ich vor fünf oder mehr Jahren dachte, ich würde es vielleicht noch einmal brauchen können. Nur eines bringe ich nicht übers Herz: alte Briefe wegzuwerfen. Im zierlichen Vitrinchen, wo andere Leute ihr gutes Sonntagsgeschirr aufbewahren, stapelt sich Bündel um Bündel. Weshalb nur muss ich zehn Jahre alte vergilbte Briefe gutem Sonntagsgeschirr vorziehen? Meines ist schon längst zum Alltagsgeschirr geworden. Angeschlagen und mit Sprüngen versehen steht es im Küchenkasten, flache und Suppenteller durcheinander zu einer schwindelerregenden Beige geschichtet. Tee- und Kaffeetassen sind in den verschiedenartigsten Dessins vorhanden, nicht mehr als drei derselben Sorte und vielleicht einige ohne Griff, weil ich sie doch trotzdem noch einmal brauchen könnte.
Deckelchen auf Tuben und Dosen sind immer nach kurzer Zeit spurlos verschwunden, und der Inhalt trocknet trübselig aus. Und welch sonderbare Formen die Zahnpastatuben annehmen, weil ich überall drücke, nur nicht hinten... Es ist hoffnungslos, und oftmals dachte ich, wie schrecklich es wäre, mit einem Pedanten verheiratet zu sein, denn in diesem Fall wäre wohl eine Katastrophe unvermeidlich.
«Es ist entsetzlich», seufzte ich den Tränen nahe, als letzthin seine Lieblingskrawatte nach verzweifeltem Suchen am Haken unter den Küchentüchern zum Vorschein kam.

«Warum liebst du mich noch, da ich doch so unmöglich bin?»

«Manchmal ist es lästig», gab er stirnrunzelnd zu, besonders wenn man in Eile ist. Doch schließlich erledigst du meine Geschäftskorrespondenz sachlich und flink, die Wohnung ist sauber, du kochst ausgezeichnet und riechst immer gut.»

Sprachs und eilte davon, noch im Laufen die wiedergefundene Krawatte umbindend. Die Tränen kullerten nun doch herunter, und dennoch war mir so wundersam leicht ums Herz. Ich muss mich trotzdem bemühen, dachte ich, und begann die Wäscheschublade aufzuräumen.

«Oh, da ist er ja!», rief ich entzückt, als ich zwischen einer Unterhose und einem Leibchen den lang vermissten Fiebermesser hervorzog.

R.H.

Erschienen in der Zeitschrift **Die FRAU,** 1974

Rosmarie Hofer erzählt aus ihrem Alltag

Colette, meine letztjährige Praktikantin, hat mir einen Brief geschickt. Sie ist fortgezogen in die Südschweiz. «Bitte komm, ich fühle mich einsam.» Ich werde sie am übernächsten Wochenende besuchen. Sie war kürzlich da, hat Sehnsucht nach der Stadt. Sie hat jetzt ein Baby. Ich war schon einmal bei ihr, im Spätsommer. Herrlicher Fleck. Auf einer sanften Anhöhe ein malerisches Dorf. Traumhafte Wohnung mit Ausblick über die Wälder weit ins Tal: eine Symphonie von Farben und Stimmungen – Kastanienhaine – ein Hauch von Süden.

Die Umstellung ist ihr aber noch nicht gelungen. Mutterrolle – wenig Kontakte nach dem intensiven Betrieb bei uns. Sie war gerne hier, wir hatten eine schöne Beziehung. Ich freute mich über ihre Entwicklung und beobachtete mit Genugtuung, wie sie langsam das Element der Seelsorge mit einbezog in die von der Schule diktierte effiziente Sozialarbeit. Es entwickelte sich eine Freundschaft zwischen uns.

Ihren Praktikumsbericht verfasste ich im von der Schule erwarteten Jargon (immer etwas übertreiben!). Dabei gab ich mir Mühe, den Inhalt methodisch fachgerecht aufzubauen, und versteckte ein wenig Humor zwischen den Zeilen. Alles in allem dürfte er einen guten Eindruck hinterlassen haben. Jedenfalls hat Colette ihr Praktikum auch vor den Gestrengen der Schule gut bestanden. Ich wollte sie und mich mit einem unkonventionellen Bericht ja schließlich nicht blamieren vor denen mit den Bärten und Ringlibrillen. Damit sei nichts gegen ein solches Äußeres gesagt. Es ist für mich ein Sammelbegriff für eine Kategorie von Leuten, die so tun, als wüssten sie alles, als könnten sie ins AJZ (Alternatives Jugendzentrum) einfahren und wüssten, wie man mit Drogensüchtigen umgeht. Verstehen, Gespräche führen und nicht die Fassung verlieren, wenn sich einer eine

Spritze verpasst. Die ewig Verständnisvollen, die nicht damit leben müssen.
Vielleicht bin ich nicht mehr ganz objektiv, wenn ich über gewisse Sozialarbeiter herziehe, über Leute der Berufsgattung, der ich selbst angehöre. Aber vieles, was so gelernt wird, ist mir nun mal suspekt, ein wenig weltfremd und dünkelhaft. Ich bin oft hilflos. Ein hilfloser Helfer. Es ist schwer einzusehen, dass wir eben oft nichts verändern können, wo doch Verändern in unserm Beruf so großgeschrieben wird. Was Colettes Brief nur alles auslöst!

Ich wollte ja von heute berichten. René schraubte die Gestelle in Simons neu renoviertem Zimmer wieder zusammen, schloss seine Musikanlage an und knirschte innerlich dabei mit den Zähnen, weil er findet, Simon müsste dies selbst tun, müsste sich mehr interessieren für seine Sachen, es helfe ihm gar nichts, wenn man ihm zu vieles abnehme. Ja, gewiss, ich bin auch dieser Meinung. Aber einem andern wider besseres Wissen und gegen seine Überzeugung etwas zuliebe tun, ist mir trotzdem sympathisch. Deshalb freute ich mich über Renés Inkonsequenz.
Es wächst mir zurzeit alles ein wenig über den Kopf, im Beruf und auch privat. Irgendwie stehe ich immer unter akutem Zeitdruck. Jeder Tag hat ein paar Schwerpunkte, und fast immer sind damit Erwartungen von Menschen verknüpft. Auch die damit verbundene administrative Arbeit muss erledigt werden. Mein Terminkalender ist randvoll. Ob mir das auch gefällt? Zum Teil schon, zum Teil verspüre ich bisweilen auch ein leises Angstgefühl. Kann ich das alles bewältigen? Ich merke, dass ich nicht mehr dieselbe innere Spannkraft habe wie noch vor zehn Jahren.
Unsere quartiereigene Pflegestation ist nach vier Jahren Planung nun endlich im Entstehen. An der heutigen Abendsitzung ging es bereits um ganz konkrete Dinge wie das Einstellen des Pflegepersonals und die Wahl der Leiterin. Es ist dies ein Projekt, bei dem ich von Anfang an dabei gewesen bin.

Da wir bei unserer Arbeit stets mit Menschen jeden Alters konfrontiert werden, die durch Krankheit pflegebedürftig und deshalb oft brutal aus ihrer heimischen Umgebung gerissen werden, schwebte uns eine Art Tagesheim vor, wo Patienten Aufnahme finden und gegebenenfalls auch übernachten können.
Es ergab sich die Gelegenheit, dass uns eine Institution in einem Teil ihrer Gebäulichkeiten Platz dafür anbot. Ein Teil des Hauses sollte nun für den vorgesehenen Zweck umgebaut werden. Jetzt galt es, die richtigen Leute für unsere Idee zu begeistern. Ich staune noch heute, dass es uns gelungen ist, und ich weiß auch, dass es nur dank der speziell strukturierten Wohnsiedlung unseres Quartiers möglich war. Die ganze Überbauung gehört einer Genossenschaft, die das Wohl der Bewohner in den Vordergrund stellt. Demzufolge ist der Zusammenhang im Quartier groß und das Gemeinschaftliche gegeben.
Die Verhandlungen mit den Behörden um Subventionen zogen sich ziemlich in die Länge. Aber nach vielen Hindernissen, Bergen von Papier und unzähligen Sitzungen ist der Umbau nun im Gang. In einigen Monaten kann der Betrieb eröffnet werden. Nebst Tagesheim-Patienten werden auch einige Chronischkranke Aufnahme finden. Dazu kommen Kranke, die zwecks Entlastung ihrer Angehörigen kurzfristig dort wohnen werden. Die Station ist für Bewohner des Quartiers gedacht. Sie werden in ihrer vertrauten Umgebung bleiben, unweit von ihren Angehörigen und Bekannten.
Es ist für mich ein Bedürfnis, darüber zu schreiben. Das Entstehen dieses Werkes hat für mich große Bedeutung. Ich erlebte in den vier Jahren seit der Idee bis zur Verwirklichung des Projekts Solidarität zwischen den verschiedenartigsten Menschen und Institutionen. Alle zogen am selben Strick und gaben trotz zeitweise großer Schwierigkeiten nicht auf. Menschen, die freiwillig und unentgeltlich nebst ihrem anstrengenden Berufsalltag an dem Projekt arbeiteten, oft bis tief in die Nacht hinein. Sie schlossen sich zusammen zu einem Verein, der heute aus acht Trägerschaften und fast 2000 Einzelmitgliedern aus dem Quartier besteht.

Die ganze Quartierbevölkerung machte begeistert mit, sammelte Geld, organisierte Basare. Ich durfte mitverfolgen, wie die Idee Gestalt annahm. Der Idealismus, mit welchem die Sache angegangen und zu Ende geführt wurde, überzeugte schließlich auch die Politiker, denn als Ergebnis hatte der Verein eine beträchtliche Summe eigener Mittel vorzuweisen.
Das alles stärkt meinen Glauben an das Gute und Positive im Menschen, ohne den ich nicht in meinem Beruf arbeiten könnte. Es tröstet mich über die trüben Gesichter hinweg, über Neurosen und Missstände und über das geflügelte Wort meines eigenen Sohnes: «Es ist schlimm auf dieser Welt.»

Aus der heutigen Sitzung bin ich mit Optimismus heimgefahren. Während ich dies niederschreibe, haben sich die leise Angst in mir und das Gefühl des Überfordertseins aufgelöst. Ich erkenne, dass es heilsam ist, sich konkret für die Lebensqualität von Benachteiligten einsetzen zu dürfen. Die meisten Patienten, die im nächsten Sommer einziehen werden, kenne ich; langjährige Kontakte verbinden mich mit ihnen, kollegiale, zum Teil freundschaftliche Beziehungen auch mit denjenigen, die dort arbeiten werden. Für die zukünftigen Bewohner der Station wird sich dieses Klima, gewachsen in reger Zusammenarbeit und abseits von Bürokratie und Amtsschimmel, gewiss wohltuend auswirken. Nun bin ich direkt ein wenig ins Schwärmen gekommen. Es tut mir wohl, auch die positiven Seiten unseres Berufs aufzuzeigen. Ich bin stolz auf «unser» Werk.
50 ist eine magische Zahl. Ich habe diese Schwelle kürzlich überschritten. Ich feierte diesen Geburtstag mit meiner kleinen Familie: mit meiner Mama, die von Bern kam, mit meinem zweiten Ehemann René und den erwachsenen Kindern. Daddy lebt nicht mehr. Er fehlte mir sehr.
Etwas später wurde auch Yvette 50 Jahre alt. Ihr wichtiger Geburtstag spielte sich in einem viel größeren Rahmen ab. Yvette hat eine sehr große Familie: Kinder, deren Männer, Enkelkinder, Schwester, Nich-

ten mit ihren Männern, Schwägerinnen und deren Anhang und noch viele mehr, die verwandt sind. Das ist etwas, das ich in meinem Leben nicht verwirklichen konnte: eine große Familie mit weit verzweigtem Zusammenhang. Etwas, das ich nie mehr werde nachholen können. Der Vater meiner Kinder lebt nicht mehr. Ob ich dereinst mit René die silberne Hochzeit feiern kann? Ich wäre dann 72, René einige Jahre jünger. Mit einem Partner jahrzehntelang verheiratet sein... Fast alle Ehepaare in meinem Alter, die ich kenne und die zusammengeblieben sind, haben sich so aneinander gewöhnt, dass sie eine Einheit bilden; sie sind kaum mehr Einzelpersonen, sondern eben ein Paar, das zusammen die Kinder aufgezogen hat, Freuden und Krisen überlebte. Das Zusammensein ist eine Selbstverständlichkeit, eine Gesetzmäßigkeit, und das beginnende Alter erhält durch die Enkelkinder neuen Auftrieb. Diesen normalen Lauf hat mein Leben nicht genommen. Die magische Zahl 50 hat es in sich. Es beschäftigt mich in diesen Tagen, was ich versäumt habe, was zu leben mir nicht bestimmt gewesen ist, aber auch, was ich erlebt habe: behütete Kindheit, frühe Heirat, kleine Kinder, Hausfrau, dann alleinstehende Frau mit heranwachsenden Kindern, damit verbundene Entwicklung im Beruf und Selbstständigkeit. Vielseitig und intensiv das alles. Und trotzdem: das Gefühl, dass dabei vieles auf der Strecke geblieben ist, werde ich so leicht nicht los. Ich gehe mit dem Leben jetzt sparsamer um. Nicht mehr in alles hineinrennen. Viele Dinge liegen nicht mehr drin. Sich arrangieren mit den gegebenen Umständen. Keine großen Neuanfänge mehr. Es hat etwas Beruhigendes an sich, Verantwortung abgeben zu können.

Heute auf meinem Sonntagsspaziergang am Waldrand entlang, nach einer spannungsgeladenen Woche, erlebte ich ein Gefühl des Friedens – so, als distanzierte ich mich von allen Problemen und Sorgen, so, als sagte eine Stimme in mir: Lege dein Leben in meine Hände – es ist nicht alles machbar.

Später komme ich an der Freizeitanlage vorbei. Viele Mofas stehen dort und Gruppen ganz junger Menschen daneben in ihren Jeans: Ich möchte nicht mehr so jung sein. Ich bin oft fröhlich, aber kaum mehr überschwänglich. Bin manchmal traurig, aber ohne Dramatik. Bin oft spannungsgeladen, aber nicht mehr so häufig unbeherrscht, habe immer noch Ziele, aber keine so hochgesteckten mehr. Dies alles ist das Vorrecht meiner Generation. Ich finde dieses Alter schön: mehr im Sein verhaftet zu sein als im Haben, um mit Erich Fromms Begriffen zu reden. Ich klappe dieses Tagebuch nun für eine Weile zu. Eines Tages werde ich es sicher wieder öffnen, um weiterzuschreiben und auch um wiederzulesen, was ich in dieser Zeit geschrieben habe: eine bunte Palette meines jetzigen Alltags und der Gedanken, die ich mir dabei gemacht habe. Bruchstücke nur. Ich wünsche mir, dass sie sich einmal zusammenfügen zu einem Ganzen, in vielen Jahren vielleicht, wenn ich mein Leben noch mehr überblicke und begreife. Die Stille und Einkehr heute haben mir gutgetan. Morgen beginnt ein neuer Tag.

R.H.

Erschienen in **annabelle femina** am 26. März 1983

Alt werden

Erinnerungen, Beobachtungen, Dankbarkeit

Im Rieterpark

Mitten in einer lauten geschäftigen Stadt liegt eine verschwiegene ruhige Insel. Es ist ein Park.

Alte hohe Buchen und Eichen streben zum Himmel, und um die Stämme dunkler Tannen schlingen sich wilde Efeuranken. Die Zweige dieser Bäume haben manche jungen Blätter getrieben und sie wieder hergeben müssen. Ihre Kronen haben manches Lied gerauscht, heftig und klagend in Sturmnächten, leise flüsternd an milden Sommerabenden. Sie sind sehr alt, diese Bäume, ich betrachte sie mit Ehrfurcht, wie ich durch den Park gehe, und ich wünschte, sie könnten erzählen.

Es war Frühling – Karfreitagmorgen. In jungem Grün entsprossen kräftige Blätter den Zweigen der Eichen und Buchen, und im zartesten Blau wölbte sich der Himmel über der Stadt. Helle Sonnenstrahlen zauberten zwischen dunkle Stämme eine Fülle von Licht. Die Wiese, die sich von der weißen Villa gegen die sanfte Anhöhe hinzog, saugte die milde Wärme dieses Frühlingsmorgens gierig in sich hinein, so dass jeder einzelne Grashalm in zartem Grün erstrahlte. Außer dem dünnen Wasserstrahl, der in die zierliche Brunnenschale fiel, und dem Jubilieren einzelner Buchfinken im Geäst der Bäume war kein Ton zu hören. Es war, als streiche ein heiliger Hauch über die junge Wiese und flöße ihr etwas Unsterbliches ein.

Da brach ein knirschender Laut die Stille. Von der Villa her näherte sich ein Mann in mittleren Jahren dem Brunnen. Seine Gestalt war sehnig, seine Schritte gemessen. Er war dunkel gekleidet, eine Mütze aus schwarzem Samt war quer über sein Gesicht gezogen und ließ seine frischen Züge sehr blass erscheinen. Aus dem weißen Gesicht leuchteten zwei dunkle leidenschaftliche Augen. Der Mund unter der scharf hervorstechenden Nase war streng geschlossen, und das eckige vorgestellte Kinn verriet eiserne Willensstärke und Entschlossenheit.

Vor der Brunnenschale blieb er stehen, und sein Blick wanderte erstaunt gegen die Anhöhe hinauf. Plötzlich bekamen seine Augen einen sonderbaren Glanz, und in tiefer Erregung flüsterte er ein einziges Wort: «Karfreitagszauber».
Lang empfundene Gestalten, die sich nicht fassen ließen, traten deutlich aus seinem Innern hervor, und ein verschwommenes Gebilde schloss sich zusammen in eine erlösende Einheit. Der Mann hob lauschend sein Antlitz, als schwebe eine Fülle herrlichster Musik über die Wiese, als steige sie hernieder von den Kronen der Bäume und empor aus dem klaren Brunnen. Lange Zeit stand er unbeweglich, nur seine angespannten Züge und seine heißen Augen verrieten, was sich an diesem Karfreitagmorgen in seiner Seele offenbarte.

Viele Jahre sind seither vergangen, mancher Frühling ist erwacht und hat sich zum Sommer entwickelt. Nun ist es Herbst geworden. Die letzten kräftigsten Farben, die die Natur zu verschenken hat, vereinigen sich in den Blättern der alten Parkbäume. Die Glut über der Erde ist verrauscht und hat einer herben Kühle Platz gemacht. Leichte Dunstschleier schwächen das azurne Blau des Himmels ab, und die Dämmerung bricht jeden Abend einige Augenblicke früher das Licht des Tages. Ein kühler Wind streicht durch den Park, und horch, die Bäume rauschen ihre alte Weise. Auch der Brunnen steht noch und die Wiese. Aber hier, an dieser Stelle, wo an jenem jungen Morgen vor vielen Jahren Richard Wagner über sie hinblickte und die Musik seines *Parsival* auf ihn eindrang, hier raschelt totes Laub vom Herbstwind getrieben über zerzauste Gräser. Im Hintergrund erheben sich immer noch die weißen Mauern der Villa, aber fest verschlossen. Kein Leben regt sich hinter ihnen, die Räume sind tot und leer und dem langsam fortschreitenden Verfall ausgesetzt.
Gleich den zarten Dunstgeweben, die in dieser Jahreszeit über der Erde schweben, legt sich leise Trauer auf unsere Seele. Es ist das Wissen um alles Vergängliche. Was einst bestand und lebte, heute ist es zerronnen und tot. Das nächste Jahr wird einen neuen Frühling gebä-

Als große Kunstförderer gewährten die Wesendoncks ab 1849 Richard Wagner ihre Gastfreundschaft. Wagner hatte Deutschland wegen seiner Teilnahme an der liberalen Märzrevolution verlassen müssen. Er durfte in einem extra für ihn hergerichteten Haus gegenüber der Villa Wesendonck leben. Nachdem Minna, seine Frau, die Beziehung ihres Mannes zur verheirateten Mathilde Wesendonck aufgedeckt und einen Eklat provoziert hatte, trennte sich Wagner von seiner Frau. Er reiste nach Venedig, wo er den zweiten Akt des Tristan komponierte.

ren, und grünes Laub wird die Zweige der Bäume wieder schmücken. Aber das Haus wird stumm und tot bleiben. Etwas aber wird keine Zeit und keine Macht der Erde auslöschen, und keine Jahre werden es zerfressen und zu Ruinen machen. Ewig wird bestehen, was aus der Seele großer Künstler wuchs und zu unsterblichen Werken geworden ist. Die heilige Kraft des Schaffens und die Sehnsucht nach Schönheit und Vollendung sind dem Menschen durch Jahrhunderte erhalten geblieben, und diese höchsten Güter werden in seiner Seele fortleben, was immer auch geschehen mag, so lange die Welt besteht. R.H.

Erschienen in der Zeitung **Volksrecht** am 2.11.1951

Die Villa Wesendonck war früher – wie gegenüber beschrieben – lange Zeit unbewohnt und geschlossen. Sie ist im Jahr 2007 neu eröffnet worden und präsentiert sich heute als erweitertes Museum. Im Café mit Sonnenterrasse verweilen die Gäste gerne und lassen Vergangenheit und Gegenwart auf sich wirken. R.H., 2019

Operationsangst

Die Tatsache stand fest: Papa hatte Nierensteine und musste sofort operiert werden. Er war am Nachmittag, am Tage nach einer akuten Kolik, beim Arzt gewesen, welcher ihm diese Diagnose stellte. Da ein ziemlich großer Stein in gefährliche Nähe der Harnröhre rückte und sie zu verstopfen drohte, musste sofort gehandelt werden. Am Montag wollten sie ihn operieren, und am Samstagmorgen hatte er sich im Spital einzufinden. Er war nie krank gewesen außer in seiner Kindheit, als er eine Diphtherie durchmachte. Ich versprach, ihn am Sonntag vor der Operation zu besuchen. Als ich aus dem Tram stieg, sah ich ihn von Weitem. Er winkte mir fröhlich zu und schritt mir mit rüstigen Schritten entgegen.

«Ich habe heute noch Ausgang!» Er strahlte.

Ich fasste ihn unter, und wir spazierten zwischen den Häusern hindurch an blühenden Gärten vorbei. Sein Blick streifte liebkosend über die samtigen Blätter der Tulpen, die grell leuchtenden Primeln und das Gold der Forsythienzweige, als sähe er sie zum letzten Mal. Er wollte mir demonstrieren, dass er seinen Humor nicht verloren habe, streute hin und wieder einen Witz in die Unterhaltung ein und tat gelassen.

Die hastigen Züge, mit denen er seine Zigaretten hinunterrauchte, ein etwas gezwungenes Lachen, ein leichtes Zittern seiner sonst ruhigen Hände verrieten ihn. Ich beschloss, den Stier an den Hörnern zu packen und nicht so zu tun, als wäre dies alles nicht vorhanden. In einer kurzen Gesprächspause unterbrach ich abrupt unsern gleichmäßig dahinplätschernden oberflächlichen Redefluss:

«Hast du Angst, Papa?»

«Angst?», fragte er gedehnt zurück und setzte zum Protest an. Dann lockerte sich seine betont straffe Haltung, und mit einer resignierenden Gebärde warf er seinen Zigarettenstummel zu Boden. Seine

Augen wichen unter zuckenden Lidern verlegen aus und hefteten sich an einen unbestimmten Punkt in der Ferne.

«Nun...», er versuchte seiner Stimme den gewohnten festen Klang zu geben, «ich bin nun in einem Alter..., ach was, gewiss habe ich Angst.»

Sein Blick kehrte zurück, und er sah mich müde an. Die zitternde Stimme, mit der er das Eingeständnis seiner Schwäche vorbrachte, liess mir Tränen in die Augen steigen, und für einen Augenblick starrten wir uns entsetzt an. Wie in einer Vision erstand sein Garten vor mir, in dem er stets pfeifend herumgewerkt hatte. Ich sah die roten Himbeeren ungepflückt zur Erde niederfallen, die Rosen dürstend in gesprungenem Boden, den Rasen verwahrlost und hoch, und auf seiner Werkbank im Keller standen wartend die angefangenen schmiedeisernen Leuchter. Und die Klingel, sie blieb stumm. Niemand holte die Kinder zum Spazieren ab.

Ich schob die unwirkliche Stimmung von mir und sagte leichthin: «Ach was, Daddy, bei deiner Konstitution, Tausende haben solche Operationen heil überstanden, und weißt du, Herr Keller, der war schon siebzig und hat eine schwere Magenoperation hinter sich, und Herr Wydler musste sich sogar an beiden Nieren operieren lassen.»

Ich redete und zählte in nervöser Hast alle möglichen Leute auf, die entsetzlich gefährliche Operationen hatten über sich ergehen lassen müssen, sich heute wieder bester Gesundheit erfreuten, weite Reisen unternahmen, auf 3000 Meter hohe Gipfel stiegen und den Zürichsee durchschwammen.

Papa ließ mich zu Ende reden und sagte dann: «Du hast ja auch Angst.»

Betroffen schwieg ich, schaute so konzentriert auf das Trottoir, als wäre dort Gold zu entdecken, und sagte kleinlaut: «Ja».

«Da wir einander nun unsere Angst eingestanden haben», sagte Papa leicht dozierend wie ein Philosoph, brauchen wir sie nicht mehr voreinander zu verbergen. Wir können auch wieder vernünftig reden, und jetzt gehen wir vor nach Carnegie: «Wovor haben wir Angst?»

«Vor der Operation.»
«Was ist das Schlimmste, das eintreten kann?»
Ich schwieg.
«Vorwärts, sprich es aus!»
Er schien zu wachsen, als er auf meine Antwort wartete, und der Wind bewegte sein graues Haar.
«Du könntest sterben.»
Danach war es eine ganze Weile still. Wir waren stehen geblieben. Es duftete nach Frühling, und ein Kind hüpfte vorüber, in einem Seil springend. Papa sah ihm nach, bis es verschwunden war.
«Ich habe das Leben geliebt. Es würde mir schwerfallen, von all dem fortzugehen.»
Er holte mit den Armen weit aus, als wolle er die ganze Welt umfassen, fiel abermals in Schweigen, stand abwesend und verloren am Zaun, und ich folgte seinen Gedanken zurück in die Vergangenheit. Sah ihn als lachenden jungen Vater mit braunem Haar und blitzenden Zähnen mich hoch emporschwingen, hörte mein Jauchzen, sah sein sorgenzerfurchtes Gesicht, als er monatelang ohne Arbeit war und Mutter aus Salatblättern Suppe kochte, sah mich aufwachsen, ihn zur Seite, verlässlich, und der Schmerz in seinen Augen, als er mich weitergab an meinem Hochzeitstag. Mein Leben geborgen in seinen Händen von Anfang an. Er wurde älter, verströmte seine Liebe, schüttete sie über meine Kinder aus. Jetzt stand er dort am Zaun, leicht gebückt und sehr einsam.
«Daddy, es wird gut gehen, für den Arzt ist es nur Routinesache, dein gesunder Organismus wird es überstehen. Bitte, steh nicht dort, als seist du eine große tragische Gestalt aus einem Drama!»
Ich war verzweifelt, es fiel mir nichts anderes ein, um ihn zurückzuholen.
«Donnerwetter, du hast recht. Ich stelle mich schön an. Wir werden beide ganz sentimental.»
Der Bann war gebrochen. Wir hatten uns dem Schattengespenst gestellt, es floh. Arm in Arm gingen wir weiter, und jeder wusste, dass

die Chancen gut standen. Daran hielten wir zuversichtlich fest. Dankbar nahmen wir die unterbrochenen unverfänglichen Gespräche wieder auf, die nun nicht mehr dazu dienten, etwas zu verbergen. Wir schlenderten gemächlich dem Spital zu und trennten uns vor dem Portal.

Am andern Morgen sah ich ihn noch, als er bereits zur Operation vorbereitet auf dem Wägelchen in den Lift gerollt wurde. Er blinzelte mir zu, als sie ihn vorüberfuhren und murmelte schläfrig: «Nett, dass du noch gekommen bist. Bis nachher.»

Dann schlossen sich die Lifttüren hinter ihm. Ich stand allein in den blitzenden Gängen. Die sterile Atmosphäre des Spitals bedrückte mich. Ein hinfälliger Kranker im Morgenrock kam vorbei. Er setzte sorgsam Schritt vor Schritt, tastete sich durch den Gang, hielt inne, um zu rasten, ging zögernd weiter. Abgesonderte Welt! Jeder Schritt der Genesung entgegen, unendlich mühsam. Bedeutungsvoll ein Zehntelgrad der Temperatur, das Entleeren des Darmes, die runden farbigen Pillen, genau abgezählt, Diätnahrung, abgewogen serviert, sterile Injektionsnadeln mit lebensspendenden Flüssigkeiten. Befehlsgewohnte Menschen, die folgsam sind, weil sie Schmerzen leiden und vom Bett aus in der Dämmerung furchtsam in die Ecke blicken, wo das Schattengespenst lauert, und am Morgen zu hoffen beginnen, wenn die Sonne durch die Scheiben winkt und die weißgestärkte Schwester geschäftig waltet. Einsame abgeschlossene bedeutungsvolle Welt.

Ich floh hinaus in den Sonnenschein. Am zehnten Tag nahm ich Daddy mit. R. H.

Aus **Wir Brückenbauer**, 1991, Nr. 39

Die Physiker

Fräulein Doktor Mathilde von Zahnd leitet eine Irrenanstalt. In dieser befinden sich drei Patienten, alle Physiker: Einer behauptet, er sei Newton, einer glaubt Einstein zu sein, und dem Möbius erscheint immer wieder König Salomo. Newton erdrosselt mit einer Vorhangkordel die Krankenschwester Dorothea Moser. Drei Monate später tötet Ernesti alias Einstein mit der Schnur einer Stehlampe Schwester Irene Staub.

Fräulein Doktor von Zahnd verspricht dem beunruhigten und empörten Kriminalinspektor Voss, dass von nun an Männer für die Pflege und Bewachung der Physiker zuständig sein werden. Die noch übrig gebliebene Krankenschwester Monika Stettler gesteht Möbius ihre Liebe und ruft ihn dazu auf, für König Salomo einzustehen und wird daraufhin von Möbius erwürgt. Die Irrenärztin engagiert drei brutale Boxer, eigentliche Monster. Die Anstalt verwandelt sich in ein vergittertes Gefängnis. Also in die Enge getrieben, gibt Newton Möbius seine wahre Identität preis: Er ist Geheimagent einer Weltmacht und nicht im Geringsten verrückt. Auch Einstein ist Geheimdienstmann einer (andern) Weltmacht. Beide haben sich ins Irrenhaus eingeschlichen, um Möbius auszuspionieren. Auch dieser ist völlig normal, seine Salomo-Erscheinungen hat er nur vorgetäuscht. Er ist freiwillig im Irrenhaus, damit die Welt gerettet wird, hat er doch Waffen von ungeheurer Zerstörungskraft erfunden, die die Erde in ihrer Existenz bedrohen. Niemand soll seine Formeln kriegen. Alle drei haben eine Krankenschwester ermordet, um ihren vermeintlichen Wahnsinn unter Beweis zu stellen. Möbius, Mörder aus Friedensliebe, überzeugt Newton und Einstein, dass es für die Welt am besten ist, wenn sie alle drei im Irrenhaus bleiben. Gerade haben sie sich für ihre moralische Haltung zugeprostet, da entpuppt sich Fräulein Doktor von Zahnd, die Anstaltsleiterin, als einzige wirkliche Irre.

Sie glaubt an Salomo und will an seiner Stelle herrschen. Sie hat die Formeln kopiert, die Waffenproduktion läuft bereits. Möbius' Plan, die Welt durch den Rückzug ins Irrenhaus vor den Folgen seiner eigenen Entdeckungen zu retten, ist damit gescheitert.

Die Physiker werden von einer dritten Bezirksschulklasse in einem kleinen Ort auf dem Land aufgeführt. Jugendliche im Saal, Eltern, Verwandte, Gäste von auswärts, Bekannte, folgen staunend der Darbietung. Es läuft wie geschmiert, wochenlang auswendig gelernt, kaum je ein Stocken im Text, unbekümmert dargeboten – eine Top-Leistung. Auch schauspielerisch beachtlich, besonders die Irrenärztin. Zwar keine Therese Giehse, aber überzeugend in ihrer überheblichen Gelassenheit und absoluten Gewissheit, dass auch ihr König Salomon erschienen sei. Und eindrucksvoll, wie die drei Physiker, einer nach dem anderen, die Kerzen auf dem Tisch ausblasen und dabei sagen, was sie Gefährliches erfunden haben, um dann im Dunkeln zu verschwinden. Der Applaus steht dem, der jeweils den namhaftesten Schauspielern einer Weltbühne gezollt wird, in nichts nach. Das ganze Ensemble und hernach jeder einzelne der Schüler werden gefeiert. Das Spektakel will kein Ende nehmen. Auf dem Hof vor der Turnhalle wird weitergefeiert. Es stehen Tische mit Wein, Orangensaft, Brot und Käse bereit. Nach und nach kommen die gefeierten Schauspieler in Zivil auf den Platz und werden stürmisch begrüßt. Hände werden geschüttelt, und aus stolz geschwellten Mütterbusen und enthusiastisch schlagenden Väterherzen steigt viel Lob auf, das man auch den anderen gönnt: «Ihre Tochter war einfach grandios als Irrenärztin», – «Ihr Sohn als Möbius – kaum zu glauben…».

Der stille Beobachter stand etwas erhöht auf der Treppe – überblickte das Treiben. Er war schon über die 60 hinaus, und ihm war etwas unwohl bei der ganzen Sache. Erstens deshalb, weil er nicht ganz ohne Nachdenklichkeit, mit leisem Unbehagen und stiller Trauer teilhaben konnte am Enthusiasmus. Er schämte sich ein wenig deswegen. Es waren diese Erinnerungen, die ihm zu schaffen machten – Erinnerungen an die Zeit, als seine eigenen Kinder ebenfalls Hoffnungsträger waren. Sie sind heute nicht mehr vollzählig. Er war eigentlich mehr Zuschauer als Mitbeteiligter, und diese Rolle betrübte ihn. Er hätte den Lehrer, der dankend die Komplimente des Publikums für die Regie entgegennahm, gerne gefragt, weshalb er ausgerechnet dieses Stück ausgewählt habe. Nach dem Geschmack des Beobachters lenkte die Leitung etwas zu betont ins Frivole – gemessen an der hintergründigen Ernsthaftigkeit dieser Komödie –, eine kleine Spanne offenlassend, wo ein Anflug dieses Ernstes spürbar geworden wäre… Oder hat Dürrenmatt sich das Ganze etwa ausschließlich als Schwank ausgedacht?

Der Beobachter wandte plötzlich dem ganzen Treiben den Rücken zu und ging weg. R.H.

Um 1994.

Geliebtes Engadin

Ein fantastischer Spaziergang

Als wir uns der fantastischen Gegend näherten, ließen wir das sonnenbeschienene Tal mit den unwirklich blauen Seen definitiv hinter uns. Graue Nebelschwaden umhüllten den Berg. Unheimlich. Die Nebel steigen, der Tod geht um…
Wir schlagen den Märchenweg der Zwerge ein. Am Wegrand ist zu lesen, dass hinten im Tornotal in einer Höhle, welche von den Einwohnern Malojas nie entdeckt worden war, die Zwergenfamilie Malögin wohnte. Die Zwerge arbeiteten ausschließlich im Dunkeln, ließen sich nie vor Menschen sehen und zogen sich in der Morgendämmerung wieder in ihre Höhle zurück.
Die Zwergenfamilie war auch für Gewässer zuständig. Wassermangel plagte die Leute in der Umgebung. Dem musste abgeholfen werden. Der Zwergenonkel Aua entschied, dass in die Felsen des Piz Lunghi drei Wasserrinnen zu graben seien. So entstanden die Flüsse Julia, Inn und Maira, und der Wassermangel war behoben. Die Zwerge taten noch mehr Gutes für die Umwelt, was auf den Tafeln am Wegrand zu lesen ist. Noch heute geschehen nachts merkwürdige, den Menschen zugutekommende Vorkommnisse, die man der Zwerggesellschaft zuschreibt.
Wir waren sehr beeindruckt. Wir hörten die Bäche zu Tal rauschen und das Sausen des Windes in den Bäumen. Wir waren davon überzeugt, dass die Zwerge noch heute für genügend Wasser sorgen. Oft verhüllten Nebelschleier die Aussicht, als wir dem Pfad durch den Bergwald zu den Gletschermühlen folgten.
Vor rund zehntausend Jahren zogen sich die Gletscher aus dem Tiefland zurück. Wir lesen unterwegs auf Tafeln, dass durch die Schmelzwassermengen Gletschereis, Sand und Steine frei wurden. Es bilde-

ten sich Gletschermühlen, wenn das Wasser mit hohem Druck auf den Felsboden prallte. Mit einigem Gruseln stehen wir am Rand dieser tiefen Wasserlöcher. Das Wasser ist unten in den Kratern schwarz.
Wie wir drei durch diese Gegend pilgern, ist einmalig und auch fantastisch. Ganz leise suchen wir den Weg durch die wurzelverschlungenen Pfade. Manchmal bleibt eine von uns stehen, um etwas aufzuschreiben. Wir sprechen nur flüsternd, wenn jemand unbedingt etwas sagen muss, um die Zwerge, die geisterhaften Nebelfetzen, den raunenden Wind und uns selbst nicht zu stören. Plötzlich – unmittelbar, unvorbereitet – kommen wir an die Kante, wo der Berg jäh senkrecht abstürzt ins Bergell. Schaudernd blicken wir in den gewaltigen Abgrund.
«Bitte passt auf, geht nicht zu nahe heran.» Das muss ich sagen, weil ich nicht sicher bin, ob nicht eine böse Windböe uns wie ein Nebelgebilde hinübertragen möchte von Felswand zu Felswand.

Wir gehen weiter. Zu unserem Erstaunen stoßen wir noch auf ein Hochmoor. Es steht geschrieben, dass Hochmoore in Jahrtausenden entstehen. Die letzte Hochmoorbildung entstand nach der letzten Eiszeit vor zehntausend Jahren.
Hochmoorpflanzen wachsen da. Die Oberfläche dieser Moore ist ständig nass. Die Wälder hier oben sind subalpin. Wegen der kurzen, nur drei bis vier Monate dauernden Sommer gibt es nur ein sehr langsames Wachsen. Junge Bäume wachsen lediglich zögernd nach. Wir sehen überall morsche Äste und Stämme, groteske Formen.
Zum Schloss Belvedere führt uns der Weg noch. Trutzig steht der Schlossturm zwischen dem Bergell und dem Engadin: Auf der einen Seite der sanfte Abhang nach Maloja mit dem Märchenweg der Zwerge, dem Hochmoor, den Gletschermühlen und der überwältigenden Aussicht zwischen den Bäumen hindurch ins Oberengadin auf den Silsersee; auf der andern Seite der furchterregende Absturz ins Bergell.

Rückblickend finde ich: Es war einer der fantastischsten Spaziergänge, die ich erlebt habe, ein perfekter Tag, kaum jemals zu vergessen.

Außen und innen

Ich sitze wider Erwarten unter einem Vogelbeerbaum. Die Frau, die Kräuter, Beeren, Pilze, Blumen aller Arten und ganze Äste sammelt und Schnaps daraus macht, sagte, sie seien in diesem Jahr voll behangen, wir sollten die Bäume entlasten – sie würden es uns danken. Aber ich kann das jetzt nicht tun, weil ich ja morgen in den Zug steige und noch an einen andern Ort fahre, bevor ich heimkehre. So ist es mir zu umständlich, von dir Beeren mitzunehmen, verzeih Baum.

Auch wider Erwarten – deshalb, weil ich zuerst schreibend im Hotelzimmer saß – sehe ich jetzt nicht an die Decke, wenn ich nicht mehr weiter weiß, sondern in den blauen Himmel und spüre die Wärme der Sonne, nicht jene des elektrischen Strahlers, den sie uns hingestellt haben, weil die Heizung nicht funktioniert.

Meiner muffigen Stimmung wegen und weil sich die Wolken immer mehr verzogen, verließ ich das Hotelzimmer, das ohnehin noch nicht aufgeräumt war. Intuitiv suchte ich den Park des Heilbades auf. Auf dem Weg hierher inneres Gezeter über den kühlen Wind, weil ich mich nicht auf eine Bank würde setzen können, aber ich fand an diesem geschützten Ort unter den roten Beeren – kein Wind, oder doch nur ganz sanft – genau den Platz, den ich mir gewünscht hatte. Ich staune: Hier kann ich meine rebellische Stimmung nicht aufrechterhalten, und es fängt an zu schreiben.

Vor mir liegt ein kleiner Teich mit einer niedlichen Brücke. Sie erinnert mich an die Brücken in Venedig und Florenz. Sie ist geschweift mit drei Bögen, der größte in der Mitte, die Brüstung aus Natursteinen, der Boden aus eingelegten kreisrunden Steinen wie übrigens auch die andern Wege und der Platz vor mir – gepflegt, idyllisch…

Am Rand und an den Enden des Teichs Felsbrockenähnliches – teilweise mit Moos bewachsen und jede Menge Föhren und Blumen.

Still ist es hier – hin und wieder von Weitem Stimmen von Spaziergängern im Park. Ich bin froh, dass die Worte nicht tönen, die ich niederschreibe. Ich ermüde, wenn mich jemand eine halbe Stunde lang pausenlos anquatscht, sei es am Telefon oder auch sonst, mir Worte anschmeißt, mich mit Sätzen bombardiert, die beinhalten, dass die Cousine der Tante der Freundin vorgestern das Tramabonnement verloren hat oder wenn ich mir endlos Geschichten von früher anhören muss. Hier quatscht niemand. Die zwei alten Damen, die entfernt auf roten Stühlen sitzen, unterhalten sich, aber es dringt kein Laut zu mir – Gott sei Dank.
Ich genieße die Farben – Blumen rotgelb, blau leuchtend – herübergrüßend aus der grünen Parkwiese, Birken wie ein Blumenstrauss, weil die Stämme unten zusammentreffen und schräg hinaufstreben bis zu den sich vereinigenden braun-gelb-grünen Baumkronen, als hätte eine Floristin das Ganze kunstvoll angeordnet. Ich bin entzückt, aber auch ein bisschen wehmütig, weil ich ja morgen endgültig Abschied nehmen muss vom Engadin. Vielleicht werde ich nie mehr dahin zurückkehren – was weiß ich. Ich habe auch diesmal alle Orte aufgesucht, die mir etwas bedeuten und die so schön sind, dass es schmerzt. Ein Fotobuch habe ich kürzlich gekauft: «Tal des Lichts» heißt es.

Zwei alte Damen

Ihre knochigen Gesichter sind wie mit braunem, knittrigem Pergament überzogen. Sie wissen nicht recht, wo sie sich auf der Gartenterrasse für Surfer, Segler, Passanten hinsetzen sollen, denn der Malojawind weht doch einigermaßen stark. Zu weit von der schützenden Glaswand entfernt ist es zu windig, doch setzen sie sich erst einmal hin, stehen aber bald wieder auf. Sie wechseln dreimal den Platz und

unterhalten sich stets darüber, ob sie nicht doch hineingehen sollten. Schließlich entschließen sie sich definitiv, vor dem schützenden Glas Platz zu nehmen und sitzen einander gegenüber. Aber nicht lange, denn diejenige Dame, die vorne sitzt und nicht mit dem Rücken zur Wand, stellt fest, dass die andere Dame geschützter ist.
«Sollten wir nicht doch hineingehen?», fragt die Dame, die dem Wind weniger ausgesetzt ist, vorsorglich.
«Nein, nein. Es ist egal. Es geht schon.»
Sie wechselt aber doch den Platz. Nun sitzen beide mit dem Rücken zur Wand.
Die eine stellt erneut fest: «Es ist doch etwas kühl, den ganzen Vormittag blies schon dieser Wind.»
Die andere Dame erwidert: «Aber jetzt haben wir einen geschützten Winkel, gell, das hast du doch auch gesagt.»
«Ja.»
Der Kellner bringt Brot und Tee. Sie hatten die Bestellung, gleich als sie gekommen waren, aufgegeben.
«Sie sind wie Grahambrötli», stellt die eine fest.
«Warm sind sie», lautet die Antwort.
«Kümmel hats drin, Kümmel.»
«Kannst du den vertragen?»
Ein Nicken: «Es ist gut.»
«Ja, ja, es ist gut.»
Sie kauen friedlich vor sich hin. Lange Zeit Stille, zwischendurch ein Schluck Tee.
Die eine bricht schließlich das Schweigen: «Am See unten hat es auch viel Wind.»
«Ja, ja.»
«Nimmst du noch einen Tee?»
«Ja, ja.»
«Dann nehme ich auch noch einen.»
Beide sagen es dem Kellner mit derselben Geste. Sie ballen die Hand und schwenken die Faust nachdrücklich einmal hinauf und hinunter.

Die Gebärden sind identisch. Ob sie Schwestern sind? Sie gehen dann doch hinein in das geschützte warme Lokal, wo sie dem Wind nicht mehr ausgesetzt sind. Mit großer Wahrscheinlichkeit auch nicht mehr den Stürmen des Lebens. Wie es wohl sein wird, wenn auch die Welt wie hinter einer Glasscheibe wahrgenommen wird, das Leben zusammenschrumpft zu Banalitäten, an denen die Kommunikation hängen bleibt?

Der zufällig und ohne Absicht in das Geschehen mit einbezogene Gast auf der Terrasse steht auf und geht ins Lokal, um zu bezahlen. Er kommt an den beiden alten Damen vorbei, die ihn freundlich ansehen. Sie hinterlassen keineswegs den Eindruck, debil oder sonstwie krank zu sein. Wenn die wüssten, dass sie soeben Anlass zu einer Studie gewesen sind! Gut, dass sie es nicht wissen, denkt der Beobachter. Gestärkt nach der Rast geht er hinaus in den Wind und weiter dem See entlang. R.H.

September 2010

Also wenn ihr mich fragt ...

Monolog einer älteren Frau so gegen siebzig

Zu meiner Zeit war alles noch ganz anders. Ich jedenfalls wurde nicht so verwöhnt wie die heutigen Kinder und Jugendlichen. Und als Embryo habe ich auch noch keinen Mozart vorgesetzt bekommen. Die Neugeborenen werden heute abends in den Ausgang mitgenommen. Das habe ich kürzlich selbst erlebt. Ich war zu einer Geburtstagsfeier in ein Restaurant eingeladen. Die jungen Eltern nahmen ein einmonatiges Baby mit und stellten es in einem Körbchen auf den Boden. Während des Nachtessens wurde es gestillt. So etwas ist doch ungesund wegen des Lärms und dem Rauch. So ein Würmchen braucht doch Ruhe und keine Reizüberflutung. Das gibt eben später die überaktiven Kinder. Zu meiner Zeit konnten wir für Jahre nicht ausgehen, wenn wir Kinder in die Welt setzten. So etwas wäre uns nie in den Sinn gekommen.

Und dann die Krabbelgruppen. Die Kleinen werden schon ab zwei Jahren in Gruppen gesteckt und von sogenannten Kleinkindererzieherinnen beaufsichtigt, die eine besondere Ausbildung erhalten haben. Jeder halbwegs vernünftige Mensch weiß doch, wie mit kleinen Kindern umzugehen ist. Da braucht es doch keine spezielle Ausbildung dazu. Überhaupt sollte man Kinder mehr sich selbst überlassen beim Spielen, damit sie Fantasie entwickeln können.

Heutzutage wollen die jungen Eltern ihre Kleinen speziell fördern. Überfordern würde ich das nennen. Überfordert sind auch die Mütter mit einem oder zwei Kindern. Sie haben einfach zu viel gescheite Bücher gelesen, wie sie alles richtig machen sollen, und verlieren vor lauter Psychologie den gesunden Menschenverstand.

Schlimm sieht es für die schulpflichtigen Kinder aus: Am Montag Musikstunde, am Dienstag Malkurs, am Mittwoch Volleyball, am Donnerstag Ballett und am Freitagabend ab ins Ferienhaus, ein Wochenende mit dem üblichen Reisestau.

Und was das Essen betrifft: Die Kinder essen heute nur noch, was ihnen so passt. Dieses und jenes habe ich nicht gern, das esse ich nicht.
«Ich will nur Kartoffeln, ich will nur Nudeln, dieses Apfelmus ist zu sauer, der Salat schmeckt bitter, das Gemüse ist gruusig, Milch trinke ich sowieso keine, auch keinen Kakao oder eine Ovi. Ich will Süssmost! Was, es hat keinen, dann will ich überhaupt nichts trinken.»
«Möchtest du vielleicht Traubensaft?», fragt die Mama.
Naserümpfen. «Ja, gut. Aber nächstes Mal will ich Süßmost!»
Erleichtert holt Mama den Traubensaft. Das halbe Glas davon wird mit einem Gesicht getrunken, als sei es Essig, und dann entschieden weggeschoben.
Versteht ihr, da geht einem die Galle hoch. Zu meiner Zeit war Kriegsende und noch alles rationiert.

Die heutigen Jugendlichen tun mir eigentlich schon leid, weil es so schwierig ist, Lehrstellen zu finden, aber die meisten studieren ja sowieso. Sie müssen – ob sie wollen oder nicht – ins Gymnasium, und das wird mit Ach und Krach durchgepaukt, weil der Sohn, die Tochter akademisch ausgebildet werden sollen. Aber eigentlich geht mich das gar nichts an.

Was mich aber etwas angeht, ist die Sauerei, die die Jungen zurücklassen. Begeben wir uns in Bern in die Lauben. Treppenstufen führen von dort aus in die Straßen hinaus, und auf diesen sitzen über Mittag Halbwüchsige und verzehren ihr Mittagessen, das sie in umfangreicher Verpackung eingekauft haben. Ihr glaubt es mir nicht, aber die lassen allen Abfall einfach liegen, oft noch mit Essensresten drin. Die

Nächsten kommen, setzen sich neben den Abfall und essen ebenfalls. Ich habe einmal einen Jungen gefragt, ob ihn das nicht störe. «Ah woher», schmatzte er mit vollem Mund zurück, «warum auch?»
Oder in Zürich: Die Streetparade und all die andern Festivitäten während des Sommers in der Stadt und am See! Dieser Krach und Tonnen von Abfall – eine Zumutung für die Anwohner, die sich jetzt zu wehren beginnen. Die Politiker, die die Bewilligungen erteilen, wohnen weit entfernt von diesem Lärm.
Das rechte Seeufer meide ich sowieso. Ich bin dort gar nicht mehr in meiner Stadt, sondern in Afrika oder Indien. Zu meiner Zeit durfte man die Wiesen dort nicht betreten, geschweige denn hinter den Büschen Liebe machen. Es muss doch alles seine Ordnung haben. Tsz, tsz…

Auch hat heute jeder ein Handy. Ja glaubt ihr denn, es interessiere mich, wann mein Gegenüber in der S-Bahn zu Hause sein würde oder was sie oder er zum Nachtessen einkaufen sollen? Oder welch wichtige Sitzung heute stattgefunden hat und dass Herr Glauser zum x-ten Mal wieder keine überzeugenden Fakten hat vorbringen können? Oft muss ein ganzer Eisenbahnwagen oder Omnibus voller Leute mitanhören, was einer in sein Handy brüllt. Also zu unserer Zeit sind wir auch ohne ausgekommen.
Apropos öffentliche Verkehrsmittel: Sei es in der S-Bahn, im Bus oder im Tram: Ja glaubt ihr denn, eine dieser dünnen Bohnenstangen mit den blutten Bäuchen zwischen Jeans und T-Shirt würde einer älteren Dame einmal ihren Platz anbieten? Nein, sie beanspruchen zwei Sitze, einen für sich und einen für die Einkaufstaschen, Rucksäcke oder sonstigen Gegenstände.
Und jetzt fangen die Jungen und auch die weniger Jungen noch damit an, uns unsere AHV und Renten zu missgönnen, als hätten wir nicht jahrzehntelang dafür gearbeitet und uns monatlich Hunderte von Franken vom Lohn abziehen lassen müssen. Wir Alten sind eben nicht mehr gefragt. Wir sollten nicht so alt werden. Es gibt oder gab

Stämme – ich weiß nicht, ob sie heute noch existieren –, da setzte der älteste Sohn den alten Vater oder die alte Mutter in den Bergen aus, gab ihnen eine Decke und etwas Proviant und verabschiedete sich. Die Alten in jenen Kulturen waren damit ganz zufrieden.

Am liebsten wären die Jüngeren uns auch los, weil wir das Gesundheitswesen stark beanspruchen und Kosten verursachen, dabei haben wir Alten am längsten Krankenkassenprämien bezahlt. In der Berufswelt gehört einer heute mit 45 schon zum alten Eisen. Was ist denn mit dem Arbeitslosengeld oder mit der medizinischen Versorgung, wenn einer krank wird, weil er die Stelle verliert? Oder mit den rücksichtslosen Rasern, die sich und andere schädigen, was dann in der Folge Unsummen verschlingt. Ich will es klar festhalten: Auch für die junge und mittlere Generation wird viel Geld ausgegeben. Uns Alten darf nicht der Schwarze Peter zugeschoben werden. Das ist nicht fair. Das ist meine Meinung, und dazu stehe ich. R.H.

Oktober 2010

Der Zauberberg

Ich finde kein anderes Wort als «Zauberberg». Thomas Mann hat ihn so genannt, diesen Berg, als Ausnahmesituation für jeden Einzelnen, der sich auf ihm aufhalten muss.
Der Zauberberg, auf dem ich mich befand, erhebt sich hoch über der Stadt. Der Blick schweift in die Alpen, über den See, auf das Häusermeer unten. Ich erahne gegen Westen das grüne Tal der Limmat, und gegenüber begrenzt die waldige langgestreckte Albiskette die Stadt und Umgebung. Jeden Abend, wenn sich die Dämmerung sanft auf diese vielfältige Szenerie senkt, leuchten allmählich Lichter auf, bis in der Dunkelheit schließlich das sich weit ausbreitende Lichtermeer in vollem Glanz erstrahlt.
Nur ganz entfernt dringen die Geräusche der Stadt herauf. Die gedämpfte Ruhe unterbrechend, landen auf dem Dach unterhalb der Aussichtsterrasse, auf der ich stand, Tag und Nacht Helikopter. Menschen werden ausgeladen und weggetragen. Noch weiter unten – auf den Straßen – heulende Sirenen der Krankentransport-Fahrzeuge. «Vierundzwanzig Stunden Notfälle», sagte ein Arzt.
Die Oberärzte, Stationsärzte, Assistenzärzte, die Chirurgen, die Pflegenden, die Physiotherapeuten, Ergotherapeuten, die in Ausbildung Stehenden und alle anderen, die mit den Patienten zu tun haben in der Neurochirurgie im achten Stock, sind engagiert, einsatzbereit, einfühlsam. Sie verstehen ihren Beruf als Berufung. Sie freuen sich über Fortschritte, sind betroffen über Rückfälle. Sie sind Zauberlehrlinge – nicht leichtfertig Experimentierende – sondern stets bereit, dazuzulernen als verantwortungsbewusste große Meister ihres Faches.

Unfreiwillig wurde ich Teil dieser Institution. Es blieb mir nichts anderes übrig. Das größte Geschenk in meinem Leben wurde mir

hier zuteil. Noch heute kann ich es nicht fassen, drohte die Welt doch zu versinken in Dunkelheit, Verunsicherung, Verzweiflung.
Heißt es Abschied nehmen von allem, was mir Freude macht, von allen lieben Gewohnheiten? Sollten sie mir für immer verloren sein, die wechselnden Jahreszeiten: der Frühling, der die Obstbäume verschwenderisch mit Blüten schmückt, der Sommer, der auf dem Wasser der Flüsse und Seen mit dem Licht spielt, der Herbst, wenn auf den Wegen durch Parks und Wald die dürren Blätter unter den Schritten rascheln, der Winter, wenn die Sonne den Schnee über dem Nebel in gleißende Helle taucht; dies alles sollte versinken, doch wusste ich es lange nicht.
Nein, ich wusste nicht, was mit mir los war. Ich war nur immer mehr beunruhigt und besorgt – es war ein langsam fortschreitender Prozess bis zur Diagnose, denn lange kam niemand auf die Idee, was mir fehlen könnte. Es war schwierig herauszufinden, hatte ich doch keine Schmerzen.
Schließlich brachte ein MRI es an den Tag, und so traf ich denn ein im achten Stock in der Neurochirurgie. Ich wurde freundlich empfangen und ins Zimmer geführt. Die Operation würde schon am nächsten Tag stattfinden, hieß es. Der Chirurg, der mich nur von den Magnetresonanzbildern kannte, die er angefordert hatte, weil ich ihm nun eilends zugeteilt worden war, erklärte mir, wie alles ablaufen würde.

Am folgenden Tag wurde ich früh hinausgefahren. Auf dem Weg durch die Gänge zum Operationssaal sagte mir der Pfleger: «Schlafen Sie gut.» Dann fiel ich buchstäblich aus der Zeit. Das nächste, das ich wahrnahm, war wiederum der Flur in der Klinik, durch den ich geschoben wurde.
«Nun habe ich Angst», sagte ich.
«Wovor haben Sie Angst?», wurde ich freundlich gefragt.
«Vor der Operation natürlich.»
«Aber es ist doch alles vorbei.»

Ich konnte es nicht glauben, denn die acht Stunden, die für die Operation benötigt worden waren, fehlten unwiderruflich, sie waren aus der gewohnten Zeit hinausgefallen – unauffindbar.

Im Überwachungsraum schlief ich irgendwann wieder ein. Ich glaubte, in meinem Bett zu sein und suchte den Lichtschalter meiner Lampe auf dem Nachttisch. Ich bin aufgestanden und habe mich am Infusionsständer, mit dem ich verbunden war, zu schaffen gemacht. Es war zu der Zeit viel los im Überwachungsraum, es waren noch andere Patienten hinter den Vorhängen. Eine Pflegerin eilte zu mir, und da war ich plötzlich hellwach und wusste sogleich wieder, wo ich mich befand. Mit den Tageszeiten kam ich zwischendurch nicht ganz klar. Es war Abend, als ich nach der Narkose wieder zu mir kam, doch in meinem Bewusstsein war es eben Morgen, und so verwechselte ich in der Folge zwischen Wachen und Schlafen tagsüber die Zeiten.

Wieder im Stationszimmer, wandelte ich in der Nacht herum und schraubte die lästigen Dinger, die mich behinderten, los, so dass Blut herauskam und mein Nachthemd befleckte. Ich sah das und läutete. Die gütige Nachtschwester schloss mich geduldig wieder an die Tropfinfusion und brachte mir ein frisches Nachthemd. Eine Matte wurde mir vor das Bett gelegt, die sofort Alarm auslöste, wenn ich das Bett verließ und die Füße daraufsetzte. Vor diesem Zwischenfall glaubte ich, es sei Tag und wandelte im Zimmer umher. Ich träumte, ich sei auf dem Bürkliplatz, beim Gemüse- und Obst-Einkaufen und sah die Farben prächtig leuchten. Ich ließ mir sagen, dass kein Grund zur Beunruhigung bestehe, es komme immer wieder vor, dass Patienten nach einer langen Narkose ähnlich reagierten. Nach etwa drei Tagen beziehungsweise Nächten verlor sich dieses nachtwandlerische Umherirren. Es war eine tief greifende Erfahrung für mich: dass ich Zeit verlieren konnte, dass ein ganzer Tag nicht mehr auffindbar ist, dass ich nicht mehr zu jeder Zeit Herr meiner Sinne war, dass diese Stunden, in denen mir neues Leben geschenkt worden war, nicht existierten.

In den folgenden Tagen sah ich die Gegenstände nicht mehr undeutlich und verschoben. Alles stand wieder klar an seinem Platz, in der Nähe wie in der Ferne. Die Treppenstufen wiesen ihre normalen Maße auf. Noch etwas unsicher stieg ich über sie hinweg, und in Begleitung spazierte ich durch den Kräutergarten vor der Klinik. Die Schwellen auf dem Weg bewältigte ich mühelos, und jede kleinste Pflanze in den etwas tiefer liegenden Beeten zu meiner Seite bot sich meinen Augen deutlich dar.

Ich erzählte allen von meinem Glück. Am vierten Tag besuchte ich mit einem Gast die Cafeteria im Parterre. Ich nahm die Münzen heraus, um zu bezahlen, und wollte sie – wie früher in den Läden – der Kassiererin entgegenstrecken, damit sie den Betrag heraussuche. Da entdeckte ich, dass ich die Münzen wieder erkennen konnte, auch das kleine Fünfrappenstück lag deutlich sichtbar in meiner Hand. Ich blickte es an, als sei es eines der Weltwunder, und kann nicht beschreiben, was ich dabei empfand.

Es war mein Wunsch, dass dem Chirurgen und seinem Team mitgeteilt würde, was mir geschehen war. Wahrscheinlich wussten sie bereits von dieser erfolgreichen Entwicklung. Ich wusste nicht, wer bei der Operation mitgewirkt hatte. Ich kannte nur den Chirurgen, der mich daraufhin besuchte und mir den Verlauf der Operation erklärte: dass das Meningeom die Sehnerven beeinträchtigt habe. Sie mussten wieder freigelegt werden und auch die Blutgefässe, und es wäre nicht sicher gewesen, ob die Sehnerven sich erholen würden, denn sie seien unter großem Druck gestanden. Ich kann das nur laienhaft wiedergeben, nicht in der Sprache der Medizin.

Den Operationsbericht habe ich zwar angefordert und gelesen – komplizierte Ausführungen, in der mir größtenteils unverständlichen medizinischen Fachsprache. Ich wollte den Bericht im Hinblick auf diese Aufzeichnungen nochmals durchlesen. Ich konnte ihn nicht

mehr auffinden. Wahrscheinlich habe ich ihn mitsamt der Kopie bei meinem Hausarzt gelassen. Das bedeutet, dass dieser Eingriff nun der Vergangenheit angehört, dass die negativen Begleiterscheinungen wie Zukunftsangst, Panik, Ungewissheit in den Hintergrund getreten sind und ich mich wiederfinde in neu erwachter Lebensfreude.
Es ist mir klar, dass ich ohne die Entfernung des Tumors erblindet wäre. Es ist dies für mich die Zauberei auf dem Zauberberg: dass durch begnadetes Können in stundenlanger Bemühung und Präzision das Kunstwerk vollendet wurde, mir das Augenlicht zu erhalten und das beschädigte Sehvermögen in wunderbarer Weise zu korrigieren.

Ich möchte diesen Bericht nicht abschließen, ohne meiner Mitpatienten in der Neurochirurgie als auch in der Reha in Zurzach zu gedenken. Mit Entschlossenheit, Mut und Zielstrebigkeit bewältigen die meisten ihr Los, wollen sie doch wieder gesunden oder zumindest so schnell wie möglich wieder selbstständig werden, ihr Leben neu an die Hand nehmen. Völlig unvorbereitet kann ein Schlaganfall oder eine Blutung im Gehirn einen treffen, oder unheilbare Krankheiten erfordern immer wieder neue Therapien. Nicht aufgeben, mit ungebrochener Kraft und Willensstärke sich der Krankheit stellen, sich zurechtfinden müssen in einer neuen Situation und dabei Freude empfinden über kleine Schritte der Besserung, aufmunternde Worte finden für andere und mit Humor und Fröhlichkeit sich selbst und dem Mitpatienten die Botschaft übermitteln, dass alles wieder besser werden kann und dies trotz Schmerzen, schlafloser Nächte, Rückfällen. Es sind außergewöhnliche Menschen.
Ich begegnete auch Resignierten, Abgebauten, die sich zurückgezogen hatten in ihre eigene unerreichbare Welt. Für sie gibt es keine Rückkehr ins normale Leben.
Die Insassen dieser Rehaklinik sind bestens aufgehoben, ärztlich und pflegerisch sorgfältig betreut. Unzählige Therapien und bestens ausgebildete Therapeuten stehen zur Verfügung. Warme Bäder im Innern

der Klinik, ein Thermalbad unter freiem Himmel sind vorhanden sowie mancherlei Geräte zum Trainieren. Eine begleitete Wandergruppe und vieles mehr sollen die Rehabilitation zu einem befriedigenden Ergebnis führen. Ein separater «Therapiegarten» wurde angelegt mit Treibhaus und wunderschönen Spazierwegen. Lauschige Plätze rund um die Klinik und schönste Terrassen mit prächtiger Aussicht laden zum Verweilen ein. Kultureller Genuss am Abend in Form von Musik und Diavorträgen. Zur Auswahl mittags und abends abwechslungsreiche Gerichte, am Morgen ein reichhaltiges Frühstücksbuffet.

Es war absoluter Luxus, alles vorhanden – ein Erstklasshotel, der Rahmen zu dieser kranken Welt –, eine beeindruckende Diskrepanz. Dass die Patienten hierzulande so verwöhnt werden, ist ein absoluter Glücksfall. Jeder kann daran teilhaben. Unser Gesundheitssystem beinhaltet diese Möglichkeiten, auch für weniger Begüterte. Verglichen mit vielen anderen Ländern, in denen es am Nötigsten fehlt, sind wir außerordentlich privilegiert. Während meines Aufenthaltes in der Rehaklinik wurde es mir täglich von Neuem bewusst.

Mit der Zeit unternahm ich längere Spaziergänge, besuchte die Überreste – alte Mauern – eines römischen Kastells, blickte vom «Chirchlibuck» hinunter zur Brücke, die über den Rhein nach Deutschland führt. Schon die Römer sicherten sich dort den Flussübergang. Ich ging zur Stiftskirche, die zu Ehren der heiligen Verena errichtet worden war, schlenderte durch den Park mit den Wasserspielen. Ich genoss voller Dankbarkeit das erneute Eintauchen in die Welt da draußen, die mich nun wieder interessierte, deren Schönheit sich spiegelte im farbigen Licht der milden, sonnigen Spätherbsttage.

Nach insgesamt fünf Wochen kehrte ich zurück in mein Leben, das nicht mehr war wie zuvor.

November 2012

Lieber Daddy

Brief an meinen verstorbenen Vater

Du erinnerst Dich, dass ich Dich Daddy genannt habe, seit ich mit einundzwanzig Jahren von meinem Englandaufenthalt zurückgekommen bin. Dein neuer Name ist Dir bis zu Deinem Tod geblieben, also noch fünfzehn Jahre lang. «Daddy», das tönt so zärtlich – und so empfinde ich immer noch für Dich. Weißt Du, ich habe von Psychologie so einiges mitbekommen, und deshalb weiß ich heute, dass ich einen positiven Vaterkomplex habe. Du runzelst die Stirn und fragst mich, was denn das wieder Neumodisches sei. Ich versuche es so zu erklären, dass Du es sogleich verstehst.
Da ich Deine Prinzessin in einem wunderbaren Zaubergarten war, wusste ich nicht, dass nicht alle Männer so sind wie Du. Wahrscheinlich habe ich die Männer in meinem Leben unbewusst mit Dir verglichen, weshalb ich sie dann romantisiert und idealisiert habe und dabei auf die Nase gefallen bin, denn keiner war so wie Du. Lieber Daddy, ich glaube aber trotzdem nicht, dass meine Beziehungen wegen meines positiven Vaterkomplexes gescheitert sind – da kannst Du beruhigt sein. Ich bin noch heute froh über meine behütete schöne Kindheit, die Du und Mam mir geschenkt haben. Trotz der Kriegsjahre und des Umzugs nach Zürich in eine Mietskaserne. Ich fühlte mich stets geborgen bei euch. Ich bin davon überzeugt, dass mir dies Kraft für mein weiteres, schicksalgeprägtes Leben gegeben hat. Nebst dem positiven Vaterkomplex habt ihr auch Urvertrauen in mir gesät. Einige Psychologen würden wahrscheinlich mutmaßen, das sei eine Lebenslüge und ich mache mir etwas vor. Egal. Es interessiert mich nicht, woher gewisse Probleme stammen, die ich habe, wie eben andere Menschen auch. Es ist mir wichtiger, wie ich heute damit umgehen kann.

Weißt Du, ich habe etwas dagegen, wenn ein Fritz Zorn, der das Buch «Mars» geschrieben hat, allein seine Goldküsten-Eltern für seine ganze Misere bis zum bitteren Ende verantwortlich macht. Viele Literaten und auch andere Menschen tun das, als gäbe es die eigene Veranlagung und Verantwortung nicht. Es ist klar, dass uns die Kindheit ein Leben lang begleitet, doch müssten wir uns – finde ich – eines Tages mit den lebensbehindernden Anteilen versöhnen können.

Lieber Daddy, Du hast das auch gekonnt und zwar als Bau- und Kunstschlosser ohne psychologisches Wissen oder Therapie. Du hast mir oft von Deiner eigenen Kindheit erzählt: An Deinem zwölften Geburtstag hast du Deinen Vater verloren. Deine Mutter hat dann einen Mann geheiratet, der seinerseits auch noch Kinder in die Ehe brachte, zu Dir und Deinen drei Schwestern. Sehr arm seid ihr gewesen. Du musstest schon als Schulbub an einem sogenannten Wochenplatz ein paar Franken mitverdienen und die Knöpflischuhe Deiner Schwester austragen, weshalb Du von den anderen Kindern ausgelacht wurdest. Nein, eine behütete Kindheit hattest Du weiß Gott nicht.

Trotzdem hast Du Mam und mir so viel Liebe geschenkt. Lieber Daddy, Du bleibst für mich ein wunderbarer Mensch.

Deine Dich für immer liebende Tochter.

Rückkehr ins Paradies

Glosse (kritisch-ironische Prosa)

Ich bin die Eva, die zu Adam ins Paradies reist, obwohl ich daraus vertrieben worden bin. Man nennt das Paradies den Garten Eden. Adam ist daraus auch vertrieben worden, doch hat er es fertiggebracht, hinter meinem Rücken zurückzukehren. Das kann ich nicht auf mir sitzen lassen. Ob ich dort willkommen bin, weiß ich nicht. Ich bin erstaunt, dass unser Boss Gott es Adam erlaubt hat, dann soll Er es bitte auch mir erlauben. Es ist sowieso die Höhe, dass *ich* schuld sein soll, dass wir von dort vertrieben worden sind. Es besteht nämlich Gleichberechtigung, auch in Bezug auf die Schuldverteilung.
Das habe ich mir alles auf dem Weg hierher überlegt, und jetzt trete ich durch die Pforte ins Paradies.
Meine Güte – Adam hat überhaupt nicht gejätet und auch nicht Büsche und Bäume geschnitten. Das haben wir früher zu zweit gemacht. Der hat sich wirklich gehen lassen, seit er mich nicht mehr neben sich hat. Jetzt ist alles verwildert.
Adam – wo bist du überhaupt? Bist du die Gestalt, die verschmutzt und schlafend unter dem Apfelbaum liegt?
Also wirklich – ich muss mir überlegen, ob ich hierher zurückkommen will oder gleich wieder umkehre. Unterdessen habe ich nämlich festgestellt, dass sich draußen in der Welt auch ganz gut leben lässt. Ich bin jetzt eben emanzipiert, und das ist auch paradiesisch.
Nein – ich will hier nicht bleiben. Ich gehe wieder, bevor Adam mich entdeckt. Er könnte mich sonst zurückhaben wollen, damit ich alles wieder in Ordnung bringe und auch für ihn sorgen würde. Ich habe keine Lust dazu.

Tschüss Adam.

Das Gespräch mit der Autorin

Rosmarie Hofer, die uns ihre Manuskripte anvertraut hat, macht uns neugierig: Wer ist diese alte Dame? Neben kleinen Geschichten zum Schmunzeln hat sie auch ernste und manchmal kritische Texte geschrieben, die ahnen lassen, dass es auch schwierigere Zeiten in ihrem Leben gab. Wir vom Verlag dürfen ihr ein paar persönliche Fragen stellen, und sie gestattet uns das vertrauliche Du.

Rosmarie, es ist schön, deine Kurzgeschichten zu lesen, die du jahrzehntelang in einer Schublade aufbewahrt hattest. Die meisten dieser Texte wurden in Zeitungen und Zeitschriften zwischen 1951 und 1991 veröffentlicht. Sie sind oft witzig, manchmal auch leicht ironisch geschrieben. Als Leser glaubt man, die Autorin erzähle von persönlich Erlebtem als Kind, später als Mutter und Hausfrau und dann als älter und etwas nachdenklicher gewordene Dame. Oder ist alles frei erfunden und hat nichts mit dir zu tun?

Nein, es ist nicht alles frei erfunden. Jede Geschichte erzählt Erlebtes, jedoch habe ich vieles etwas übertrieben ausgeschmückt, wenn ich zusätzlich meine Fantasie spielen ließ.

Welches waren die besten und schönsten Jahre in deinem bisherigen Leben?

Die Jahre meiner Kindheit, später mit der eigenen Familie, das Berufsleben… Ansonsten war mein Leben geprägt von harten Schicksalsschlägen, was man nicht glauben möchte, da meine Geschichten zum Teil so humorvoll daherkommen.

Willst du darüber sprechen?

Nein. Es freut mich, dass viele meiner alten Kurzgeschichten jetzt in einem Buch Platz gefunden haben. Aber welches die schwierigsten und traurigsten Zeiten in meinem Leben waren, wissen nur ganz wenige Menschen, und das soll so bleiben.

Zu den lustigeren deiner Kurzgeschichten gehören auch deine Erfahrungen als Kinder erziehende Mutter. Was ist eigentlich aus den süßen Kleinen geworden?

Die Kleinen, die manchmal so viel Radau gemacht haben, leben nicht mehr auf dieser Welt. Mehr darüber möchte ich hier aber nicht erzählen…

Das tut uns leid, und natürlich respektieren wir deinen Wunsch. Beruflich warst du als Sozialarbeiterin tätig. Wie hat dich diese Arbeit beeinflusst?

Natürlich hat mich mein berufliches Leben als Sozialarbeiterin geprägt. Ich liebte die Menschen und demzufolge meinen Beruf. Mit einigen aus dieser Zeit habe ich heute noch Kontakt.

In den letzten Jahren hat sich dein Umfeld stark verändert. In deiner Nachbarschaft, einer beschaulichen Wohngegend am Rande der Stadt, wohnen heute mehrheitlich Flüchtlinge und Asylsuchende. Wie gehst du damit um?

Es wohnen heute fast nur noch Asylanten in den alten Mietwohnungen unseres Quartiers. Die Häuser wurden von den Besitzern allesamt der Asylorganisation Zürich vermietet. Allen Bewohnern, auch den alten, die schon seit Jahrzehnten hier wohnen, wurde gekündigt. Die Asylanten sind daran nicht schuld, sondern unser System. Darüber, wie ich mich gewehrt habe – sodass ich letztlich doch hierbleiben durfte –, möchte ich mich nicht weiter äußern.

Wie ich mit der Situation umgehe? Ich fühle mich als Außenseiterin. Die Asylanten überfahren mich mit ihren Gewohnheiten und ihrer Kultur. Sie sind jedoch nett und hilfsbereit. Der Gedanke jedoch, dass wir diese, auch die großzügigen Vergünstigungen, mit unseren Steuergeldern finanzieren, während es hierzulande sehr viele bedürftige Landsleute gibt, besonders im Alter, welche knapp am oder unter dem Existenzminimum leben, erfüllt mich mit Unmut.

Ich gehe also recht ambivalent mit diesen Veränderungen um.

Möchtest du noch einmal jung sein?

Nein, ich möchte nicht mehr jung sein in einer Welt, wo fast jeder dauernd in sein Gerät starrt, die Sprache vernachlässigt wird, die Fantasie darauf hinausläuft, wie ich am meisten Geld verdienen und den Mitmenschen hereinlegen kann, wo die Zeitungen voll von Nachrichten über Unglücke, Kriegshandlungen und Verbrechen sind. Die Liste ließe sich beliebig fortsetzen, ich verzichte darauf.

Das tönt etwas verbittert...

Ja, ich weiß, es tönt verbittert, und ich gebe zu, dass ich es zum Teil geworden bin. Mein Sohn hat vor Jahrzehnten zu mir gesagt: «Mama, es ist schlimm auf dieser Welt.» Er hatte recht.

Du machst auf uns nicht den Eindruck, verbittert zu sein. Ein gewisser Schalk ist dir geblieben, und wir nehmen dich als freundliche, aufgeschlossene Person wahr. Anders jedenfalls als manche Menschen in deinem Alter, denen Kummer und Schmerz anzusehen ist. Hast du ein Rezept, wie man im Alter geistig und körperlich möglichst fit bleibt?

Körperlich fit bleiben liegt meines Erachtens kaum oder jedenfalls nicht nur in unseren Händen. Wir werden heute viel älter als die Menschen früherer Generationen und haben altersbedingt dadurch auch mehr Beschwerden. Unser Gedächtnis lässt nach, wir hören und sehen aus verschiedenen Gründen schlechter, leiden unter Bluthochdruck, unsere Knochen werden porös, das Herz macht Schwierigkeiten, und es kommt noch Vieles mehr hinzu, das uns beeinträchtigt. Wir haben jedoch dank medizinischen Forschungen heutzutage die Möglichkeit, diese Beeinträchtigungen mit Medikamenten zu behandeln. Für diese Angebote bin ich dankbar.

Wie man geistig gesund bleibt, ist schwieriger zu beantworten. «Zwei Seelen wohnen, ach! in meiner Brust!», lässt Goethe seinen Faust sagen.

Eine philosophische Antwort...

Ja, du hast recht, ein gewisser Schalk ist mir geblieben, ich habe den Humor nicht ganz verloren – auch mein Vater war ein humorvoller positiver Mensch. Aber Tatsache ist: Ich bin müde geworden und halte mich auf offenen Baustellen auf.

Oft bin ich überfordert, der Alltag verlangt Tätigkeiten. Ich versuche, mich deswegen nicht zu stressen. Ich nehme das Nächstliegende in Angriff und nehme mir für jeden Tag etwas vor, das ich erledigen will, sodass mein Tag eine Struktur bekommt. Kommt etwas dazwischen, muss ich das Vorgenommene verschieben, aber ich muss eigentlich nichts mehr müssen – es hat alles seine Zeit. Kommt Zeit, kommt Rat, sage ich mir. Ich traue mir zu, dass ich zum gegebenen Zeitpunkt schon das Richtige tun werde. Daraus wächst mir eine gewisse Stärke und Zuversicht. Ich muss mit den früheren und jetzigen Baustellen leben. Ich bin deswegen manchmal traurig und verzagt, denn die andere Seele in meiner Brust ist vorhanden und spürbar; ich tue mir dann etwas zuliebe: Ich höre Musik oder nehme einen spannenden Krimi zur Hand oder erfreue mich der Poesie. Ich bewahre die wunderbaren Zeilen von Rainer Maria Rilke im Herzen:

«Ich lebe mein Leben in wachsenden Ringen,
die sich über die Dinge ziehn.
Ich werde den letzten vielleicht nicht vollbringen,
aber versuchen will ich ihn.»

Das hat Rilke schön formuliert. Zurück zur alten Dame: Noch einmal jung sein möchtest du nicht. Im Monolog einer älteren Dame um die siebzig lässt du sie ausgiebig über die Gesellschaft und speziell über die heutige Jugend schimpfen. Wie könnte man diese ältere Dame trösten?

Ich verstehe die ältere Dame, ich kann dem beipflichten, was sie vorbringt. Ich schmunzle, weil sie alles so trefflich zu schildern weiss, was sie stört: Wie es in alter Zeit war, als sie nicht schon als Embryo Mozart vorgesetzt bekommen hat. Die Rücksichtslosigkeit in unserer Wohlstandsgesellschaft – sie betrifft nicht nur die Jungen – äußert sich im «Nach-mir-die-Sintflut-Syndrom»: Was kümmert mich der Abfall, Dreck und Unrat? Für dessen Beseitigung werden andere bezahlt.
Ich denke, dass die ältere Dame dadurch Trost finden kann, dass ich sie ernst nehme und sie sich verstanden weiß.

Danke, Rosmarie

Das Gebet

In der Kirche St. Peter, Zürich

Lass mich Geborgenheit fühlen, wenn ich ungeborgen bin.

Lass mich nicht bitter werden in den Ungereimtheiten des Lebens, durch Enttäuschungen, durch Verluste, sondern läutere mich.

Gib, dass andere mich verstehen und schenk mir die Gabe, dass ich mit denjenigen, die mir Mühe machen, tolerant bin und nicht über sie richte.

Verzeih mir, wenn mir das nicht immer gelingt und gib mir den Mut, in den eigenen Spiegel zu blicken, so dass ich erkenne, dass viele Eigenschaften, die mich an andern stören, auch in mir selbst vorhanden sind.

Schenk mir Sanftmut im rechten Moment und Härte im rechten Moment.

Hilf mir, Grenzen abzustecken zwischen mir und den andern, wenn es notwendig ist.

Hilf mir, Nähe zu vermitteln und anzunehmen, und lass mich behutsam damit umgehen.

Verstehe meine Unzulänglichkeiten, meine Zweifel, meine Aggressionen auch gegen Dich.

Ich möchte Dir aber auch danken für alles, was mein Leben noch reich macht: für die Freude, die ich empfinde, für die Kraft, die ich schöpfe aus der unendlichen Vielfalt des Lebens und der Natur.

Ich danke Dir für das unfassbare Wunder Deiner Schöpfung, für das Wechseln der Jahreszeiten und die immer wiederkehrende Erneuerung.